2020年からの教師問題

石川一郎
Ishikawa Ichiro

ベスト新書
540

はじめに

2016年2月、『2020年の大学入試問題』（講談社現代新書）という本を発表しました。

この本の中で、センター試験が廃止される2020年以降の大学入試問題はどうなるのか、それにともなって中学校・高校の教育はどう変わるのか、該当する将来の受験生は何を学んでおけばいいのか、といった内容を取り上げました。

簡単に説明しますと、今回の大学入試改革は、今後激動する社会において活躍できる学生を高校までに育て、大学で伸ばすことを目的とした教育全般の改革が背景にあります。そのためには、どのような「大学入試問題」を解く能力を持たせればよいのかが、研究されてきました。そして、今までとはまったく異なる「新テスト」が必要であるという結論が導かれたのです。

そして、大学入試の改革が実施されることにより、小学校・中学校・高等学校の学習指導要領も改訂されるのです。

この本に対して、将来の受験生の保護者、現役教師、教育産業の方、そしてまた文科省の役人など、多くの方々からの反響がありました。

「本当に2020年の大学入試改革は行われるのか」

「改革の趣旨はわかるが、採点などの制度設計は可能なのか」

「新しい入試問題は難しくて、学力レベルの高い生徒しか対応できないのでは」

といった内容が多かったですが、その中に、私が再びペンを執るきっかけとなった声があったのです。

「2020年の大学入試問題に教師は対応できるのか」

2020年以降の大学入試では、次の2つのような問題が出されるようになると見られます。

「知識は人間だけによって創られていくのであろうか」

（2015年慶應義塾大学経済学部　小論文）

「永遠に生きられれば人は幸せだろうか」

（2014年早稲田大学政治経済学部　英語）

今後は、この2つの問いのように、従来の断片的な知識を暗記するだけで乗り切れた問題とは違い、知識と知識のつながり、知識の背景を論じる思考力が要求される問題が出題されると予想されます。

現行の学習指導要領の中では、この問題に対応できるような授業をすることは求められていません。果たして、たった3年のうちに、教師はこのような問題について教えられるようになるのでしょうか。この点は、実は私自身も気になっていたところでした。

この本では、2020年に向けて学校教育はどう変わらなければならないか、そして、教師に求められてくるものは何なのかについて、次のような構成で明らかにしていきたいと思います。

第一章では、今文科省により検討されている教育改革が、どのような背景で議論されてきたかを説明するとともに、社会の変化にともなって教育にどう変わることが要求されているのか、その上で高校の教育現場に求められる学力の3要素とは何かを考え、生徒たちに今後学校で身につけて欲しい3つの力を提案します。

第二章では、第一章で取り上げた3つの力がどのように獲得され得るものなのかを、いくつかの授業例を通じて考えてみます。そしてその授業に共通する課題に対して、どのように対応すべきかを提案します。

第三章では、今の日本の教育がどのような背景で成り立ってきたのかを振り返り、日本の教育ではこれまで取り上げられてこなかったことを実践している海外の教育モデルを見ていきます。それを踏まえた上で、日本の社会、文化に根差した教育改革とは何かを提案します。

第四章では、2020年以降の教育改革を、現在の日本の教師が実行する際の問題点について考えます。

最後に第五章では、日本の教師は今後どうあるべきかを提案します。

２０２０年からの教師問題

◉目次

第三章　日本の学校教育に欠落しているものは何か

第四章 教師の精神性こそが弊害となる

第五章　教師の役割はもう「教えること」ではない

第一章

センター試験廃止は教育改革の序章に過ぎない

2020年、大学入試が変わる

「もし、地球が東から西に自転していたとしたら、世界は現状とどのように異なっていたと考えられるか、いくつかの観点から考察せよ」

いきなり何を聞くのだと思った方もいることでしょう。実はこれは、2014年度に東京大学理科一類の「外国学校卒業学生特別選考」で、実際に出題された小論文問題なのです。

読者の皆さんは、この問題を見てどのように思われましたか? 勝手に推察するなら、きっと、東大の入試でこんなに突飛な問題が出されているなんて、と驚いている方が多いのではないでしょうか。

受験会場でこの問題と遭遇した現役の受験生であれば、おそらく次のようなことが頭に浮かぶのではないかと思います。

「地球が西から東に自転しているということは、地理や地学の授業で習った。ただ、東から西に自転しているとしたらどうなるか、なんてことは、授業では習っていないし、教科書にも参考書にも出ていなかった。どうやって答えればいいのだろう……」

この問題に受験生が困惑するのは当然です。つい最近まで、入試問題や模擬試験、定期テストで出題されるのは、あくまでも授業で習った知識や考え方の延長線上にある問いだったのですから。

簡単な例で言うと、次のような問題です。

「日本が10月28日午前7時の時、ニューヨークは何月何日何時でしょうか」（#1）

これは、自転の仕組みに基づいて2国間の時差を計算させる、現役の学生にとってはおなじみの問題です。あるいは、この時差に関する知識をもとに、次のような応用問題が出されることもあります。

「世界では時差を利用したビジネスが行われている。どのようなビジネスか説明しなさい」（＃2）

＃1の問題は、授業で習った知識や教科書に書いてある内容が身についていれば、確実に正解にたどり着けます。＃2の問題は、複数の正解が考えられますが、世界で行われている時差ビジネスの例は、教科書や授業でも大概取り上げられています。それを思い出しながら正しく記述することは、＃1よりはやや難度が上がりますが、決して無理な話ではありません。

ところが、冒頭の入試問題はというと、いくら知識を再現できたとしても、それだけでは対応できない問題なのです。何故なら、習った事実——ここでは「自転」の定義——がひっくり返されているのですから。なおかつ、ただ一つの決まった正解があるわけではないのも厄介なところです。

実はこのように、学校の授業で教わった知識を覚えてそのまま再現するだけでは対応できないような問題が、今後大学入試でどんどん出題されるようになるのです。具体的には、2020年の大学入試センター試験廃止を契機に、冒頭の例題と同様の問題が、東大のような難関大学以外の大学でも出題されるようになります。

何故そのようなことが言えるかというと、実はこの問題で問われている力というのが、2020年に向け文科省が実現を目指す〝新しい教育〟の中で、生徒に身につけさせようとしている能力とほぼ同じだからです。

東大は、海外の学校教育を受けたいわゆる帰国子女や留学生を対象に、〝新しい教育〟の実施に先んじて冒頭のような入試問題を出したわけですが、2020年以降はむしろ、そのような問題の方がスタンダードになっていくと考えられるのです。

では、この入試問題の変化の裏側にある〝新しい教育〟とは何なのか。そしてそれは教育界に、そして社会に、どのような影響を与えるものなのか。第一章では、このことについて明らかにしていきたいと思います。

センター試験廃止の先にある教育改革

まず訴えたいのは、昨今取りざたされている2020年の大学入試センター試験の廃止、それに伴う新テストの導入が、単なる入試制度の変更ではなく、学校教育そのものの改革を意味しているということです。

2014年12月22日、文科省内に設置されている中央教育審議会というところ——よく「中教審」と省略して呼ばれています——で「新しい時代にふさわしい高大接続の実現に向けた高等学校教育、大学教育、大学入学者選抜の一体的改革について」という答申が取りまとめられました。

この答申の中身を簡単に言い表すのなら、「大学の教育が変わる、高校の教育も変わる、大学入試も変わる」。社会に出てから活躍できる人材を育てるために、大学教育は変わらなければならない。その変化に従い、高校も変わらなければならないだろう。同時に、二つの機関の接合点である入試も変えた方がよさそうだ——という理屈です。

この「三位一体《さんみ》」の改革こそ、この度文科省が行おうとしている大々的な教育改革なのです。

ただ、一口に「改革」と言っても、実際に何をしようとしているのかわからない、という人がほとんどでしょう。一つずつ説明していきます。

まず、大学教育に対しては、「どのような方針で学生を受け入れるのか」「どのような資質・能力を持った人物を育てたいのか」「そのためにはどのような教育内容がふさわしいのか」を明らかにすることが求められています。

それぞれ「アドミッションポリシー」「ディプロマポリシー」「カリキュラムポリシー」と呼ばれており、これらは各大学のパンフレットやホームページ等でも確認することが可能です。

要するに大学教育は、入口から出口まで全体の教育改革が求められているのです。

高校教育に対しては、知識詰め込み型の授業を脱却し、主体的・対話的な深い学びをすることによって、文科省が新たに重要視している「学力の3要素」を備えた人材を育成することが求められています。

学力の3要素とは、文科省が今回の教育改革に合わせて定めた一種の教育目標です。具体的には、

- 十分な知識・技能
- それらを基盤として答えが一つに定まらない問題に自ら解を見いだしていく思考力・判断力・表現力の能力
- これらの基になる主体性を持って多様な人々と協働して学ぶ態度

と定義されています。

これはあくまで高校教育に対する文科省からの要請ですが、高校で必要な学力のベースは当然、それ以前の中学校、小学校で作られるべきですから、教育改革の影響は実質広範囲に及びます。ぜひそのことを頭に入れておいてください。

大学と高校をつなぐ大学入試に関しては、学力の3要素を多面的・総合的に評価するものにすることが求められています。

ところで、これまで、大々的な教育改革を行ってはどうかという議論はしばしばされてきました。しかしその度に、高校サイドからは次のような声が聞こえてきました。

「いくら高校教育を変えようとしても、大学入試が変わらなければ、変えようがない」

今までの日本社会は間違いなく、学歴社会であり、現在にいたって多少の変化は見られるものの、いまだに「いい大学を出ておくに越したことはない」という風潮はいたる所に残っているように感じます。だからこそ、大学受験の在り方は高校教育に大きな影響を与えてきました。大学入試の中身を変えずに高校教育だけを改革することは、現実的に不可能だったのです。

それが、今回の教育改革で大学入試の中身が変わることになり、今度は逆に高校教育も変わらざるを得ない状況になったのです。

教育に変化が迫られている理由

教育改革の概要と、いかにその規模が大きいのかについて書いてきましたが、それではそもそも何故このような改革が必要なのでしょうか。

それは、21世紀の社会で今後次々と起こるであろう大きな変化に対応した教育へと、アップデートをするためです。

そう遠くない未来に訪れる変化として、例えば、ＡＩの普及があります。

２０４５年にはＡＩが人類の能力を超える地点（シンギュラリティ）に到達するという指摘がありますが、今まで人間が仕事としてきたことは、今後どんどんＡＩを含むロボットに委託されるようになると思われます。

ちなみに、ニューヨーク市立大学大学院センター教授のキャシー・デビッドソン氏によると、「２０１１年に小学校に入学した子供たちの65％は大学卒業後、今は存在していない職業に就く」と予測され、また、オックスフォード大学准教授のマイケル・オズボーン氏によると、「今後10年から20年程度で、アメリカの雇用者の半数近くの仕事が自動化される可能性が高い」そうです。

この例を用いて言いたかったのは要するに、今の子供たちが大人になって社会に出ていく時点で、職業の在り方は大きく変わっているということです。

職業教育が、高校や大学の教育のすべてでは決してありませんが、変容する社会に対応する力を身につけていくことは子供たちにとっては大変重要なことです。そのために教育も変わっていく必要があるのではないかと思います。

また、グローバル化も21世紀になって非常に速いペースで進んでおり、国内だけに目を向けていれば生活が成り立つ時代ではなくなってきています。この勢いは今後も加速度的に増していくことが予想され、あらゆる面で変化の激しい時代を迎えていると言えます。

このように変化が激しく、また予想しづらい未来を生きていく子供たちに、どのような力を身につけさせるべきなのか、という課題から、今回の教育改革は始まっているのです。

学校が伸ばすべき3つの力

「社会が変わるのだから教育も変わらなければならない」

文科省はこの理屈に則り、三位一体の教育改革を、２０２０年までに達成しなければならない急務として、今、高校の教育現場にも大きな変革を求めています。

しかしながら、これはあくまでもお役所が決めたこと。具体的にどのような変化を伴う改革なのか、現場にいても実はまだよくわかっていないという教師は多いのです。

また、特に大学入試が変わることに対して、中学校や高校の教育現場は大混乱の状況です。２０２０年に大学入試が変わるとなると、２０１６年現在中学2年生の学年からは新テストを受けることになります。にもかかわらず、新テストの詳細な内容どころか、新しい教科書さえ示されていないこともあり、具体的に学校教育のどこをどのように変えるべきかがいまだにはっきりと見えていないのです。

もちろん、改革の指針とも言うべき学力の3要素は、先述の通り示されています。ただ、あまりに抽象的な表現で、具体的に何をどのように教えるのか、あるいは学ぶのか、ということは明示されていません。

ゆえにまずは、この学力の3要素を具体的な事例に落とし込みやすいよう、咀嚼《そしゃく》する必要があるでしょう。

ポイントを一言で表すとすると、「知識の習得」から「知識の活用」へ、といったところでしょうか。

「知識」は、覚えただけで実際に使うことがなければ、極端に言えばテストでしか役に立ちません。学校で身につけた「知識」を世の中に出て、どのように活用し、人生の役に立つものにしていくかが、今回の改革で問われているのです。

ただもちろん、知識を備えること自体はとても大切で、これは今後も変わりません。その上で、知識を活用する力が必要になるのです。

では、そのことを踏まえて、学力の3要素について噛《か》み砕き、改革後の教育現場で生徒に身につけさせようとしている3つの力を説明したいと思います。

○課題解決に協働できる力

いきなりマクロな視点の話になりますが、今世界では温暖化、飢餓、格差といった国境を超えた課題が山積しています。

現代の生徒たちは将来的に、これらの課題に対して、時として日本人以外の人々との協働が求められるのです。

共通のコミュニケーションツールとして英語を使いこなせることは、当然必要となりますが、英語を話せさえすれば、課題解決に協働できるとは限りません。

そのことは、温暖化防止やTPP（環太平洋戦略的経済連携協定）に関する国際間の話し合いの経過を見ていると、よくわかるでしょう。

言語だけでなく、文化的背景や宗教などが違えば、価値観の大きな相違が生まれますし、国によって経済事情、政治状況は様々なので、互いの利害が一致しないことの方が多いのは言わずもがなです。

そうしてバックボーンのまったく異なる者同士が話し合い、その中で非常に多様な考え方が出てきたとして、しかし、それでも最後には必ず一つの結論を出さなければなりません。

「その考え方もいいよね」という具合に、多様な意見をすべて認めていくわけにはいかないのです。

たとえ180度異なる意見が同時に存在したとしても、互いが納得できる最適な答えを見つける——それは、単純に多様性を推進するよりもずっと高レベルな能力です。それこそが「課題解決に協働できる力」なのです。

現状の教育は、それこそ「多様な考えを認めていきましょう」という段階で止まっていると思います。今後は課題解決に向けて協働し、最適解を見つけるための教育が求められていくのです。

○自分の考えを表現する力

今後の社会では、今まで以上に自分の考えを表現することが要求されるようになります。

2020年以降の教育では、学力の3要素から推察できるように、常に、自らの考えや判断が重要視されます。学んだこと、身につけたことに対し自分の意見を持つことは、社会、そして人と主体的に関わっていくことを可能にします。

それゆえ、今後学習する上で最も大事にすべき問いは、「あなたはどう考えますか?」なのです。

自分の考えを持った上で、さらに必要となるのは、それを他人にもわかるような形で表現することです。

自分の考えを的確に表現することは案外難しいものです。何故なら、まず、人は意識しなければ自らの考えを明確にしようとは思わないからです。なんとなく、ぼやっと思うところはあっても、何か決断を迫られない限りは、なかなか「自分の意見とはこうだ」とはっきりさせることはないのではないでしょうか。

また、自分の考えを表現するにあたっては、何故そういった考えを持つにいたったのか、理由を明らかにしなければなりません。しかし、それもすぐさま明確にすることは難しいでしょう。

そして、たとえその理由がはっきりわかったとしても、それをどのように言葉に表すかは思案すべき点です。

日本の従来の教育では、自分の考えを表現するためのトレーニングは、授業ではほとんど行われていませんでした。もちろん、まったくそのような機会がなかったとは言いません。国語科のテストなどで、小説を読んだ上で自分の感想や考えたことを問われた経験は、誰しも持っているでしょう。

しかし、それに対する答えが他者に向けて発信されたものかというと、怪しい部分があります。あくまでテスト、あくまで授業の中だけの話だと思っていたのでは、社会に出た時にも通用するような「自分の考えを表現する力」が身についたとは、言い難いのではないでしょうか。

また、これは学校の内外を問いませんが、日本の社会には、お互いが何を考えているかはっきりと意思表明をしなくても、何気ない会話やしぐさから、なんとなく相手が何を考えているのか察する文化があるのではないでしょうか。

ゆえに会話の中では、「自分の考えを表現する」よりも、「相手が何を考えているかを理解する」ことの方が大事だったのです。

このようなお国柄があったからこそ、日本は「自分の考えを表現する力」というのが問われにくい風土なのだと思われます。

しかし、今後グローバル化が進展する中で、文化がまったく異なる人たちと文字通り「以心伝心」のコミュニケーションで付き合っていくことは不可能でしょう。

日本人以外の人たちと協働していくのであれば、自分の考えを表現することが必要不可欠なのです。

○クリエイティブな思考力

今後、人工知能（ＡＩ）の発達はものすごいスピードで、なおかつハイレベルで進んでいくことは間違いありません。

通常人間の頭で思考できる範囲のことは、間違いなくＡＩが行えるようになります。ＡＩが人間の頭脳に取って代わる部分が多く出てくることでしょう。

その時にいたっても、ＡＩには取って代わることのできない、人間にこそ求められる能力が、「クリエイティブな思考力」です。

かねてより教育界では、「日本の教育ではクリエイティブな生徒が育たない」と言われ続けていて、取り組むべき課題とされてきました。それがこの度の教育改革で、いよいよ本格的に生徒にこの力を身につけさせようとしているのです。

なお、クリエイティブな思考とはいったいどのようなものなのか、ということについては、後の章で述べようと思います。

ここまで説明してきた3つの力ですが、今の学校現場で意識的に身につけさせようとすることはほとんどない状況です。

何故なら、従来の日本では3つの力がなくても、進学や就職、社会生活に困らなかったからです。

しかし繰り返すようですが、現在の子供たちが、これから激変するであろう将来の社会で生きていくには、ここで説明した3つの力が必要になることは間違いありません。

今回の教育改革は、これらの力を身につけさせるような学校教育の実践のために、現場で前向きに取り組まなければならない課題なのです。

教師こそ変革を

学校現場において以上のような大きな変革が必要だからこそ、鍵を握るのは教師です。

学習指導要領や大学入試、教科書など、文科省がいくら制度や枠組みを変えたとしても、実際の現場に立つ教師が変わらないことには、やはり教育は変わらないでしょう。さて、ここで疑問として出てくるのは、これだけの変革に対応することが、現在の教師に可能なのか、ということです。

今現役の教師は、本章で説明したような、今後必要となってくる教育を受けたことがありません。海外の学校に通っていた帰国子女でもない限り、ここまでの説明をもってしてもまだ、新しい教育の形がいまいち想像できないという教師の方が多いのではないでしょうか。

また、今まさに、学校の枠を超えて情報交換をし、今後の教育の在り方を真剣に検討している教師たちもいますが、それも残念ながら、意識の高いごく一部の動きと言わざるを得ません。

果たして、マニュアルのない前代未聞の改革に教師は対応できるのか。本当に、目指すべき教育を実践することが出来るのか。

まずは、具体的に学校で行われている授業がどのような変化を遂げるのか、という観点から、教師が教えなければならない新たな教育の形に迫っていきたいと思います。

第二章

知識の「習得」から「活用」へ
——変わる学校教育

2020年に向け、様変わりする学校の授業

前章の最後に、2020年に向けて三位一体の教育改革が進む中、学校現場で生徒に身につけさせなければならなくなる力をまとめました。すなわち、次の3つです。

①課題解決に向けて協働する力
②自分の考えを表現する力
③クリエイティブな思考力

では、3つの力を養成することが出来る授業とは、いったいどのようなものなのでしょうか。

学校の授業の中で行われている3つの時間を例にして、現行の授業のどの部分が問題で、どの部分を変えていけば、2020年以降の教育で獲得させたい3つの力が身につ

くような授業になるかを考えていきます。

【ケース1】国語科・読書感想文の時間

学生の間に読書感想文をまったく書かなかった人というのは、ほとんどいないのではないでしょうか。夏休みの宿題として書いたという人も、多くいることでしょう。

読書感想文は教師側からすると、課題図書を選ぶだけで、ほとんど手間がかかりません。一方、生徒たちにとっては、「読書感想文を書く」ということを頭におきながら課題図書を読まなければいけません。そして、期日までに感想文を作成しないといけないのです。

それなのに提出した感想文が戻ってきたのを見ると、ハンコが押されているだけなどということもあるようで、生徒の負担が大きいわりに、教師は楽ができる課題と言えます。

さて、この読書感想文という課題には、現状いくつかの問題点があります。

第一に、課題図書が、面白さを基準に選ばれていません。課題図書は、教師がその年代の生徒たちにふさわしい内容だと思われるものが選ばれます。教師自身もその本を読んで、家族のことや友人のことなどについて考えさせられたことがあるかもしれません。いずれにせよ、教師の感性や、「こう感じて欲しい」「こう読み取って欲しい」という思いが、課題図書に少なからず反映されているのは確かです。

それでは、生徒たちの立場に立って考えてみましょう。

課題図書を読んで教師の望む通り素直に心が動く生徒もいると思いますが、そうでない生徒も確実に存在します。当然のことでしょう、同じ本を読んでみんながみんな同じ感想を持つというのは、そもそもあり得ないことです。

また、私自身の学生時代を思い出すと、教師が推薦する図書はどうも「道徳的なにおい」のするものが多く、なんとなく押しつけがましさのようなものを感じて、素直に受け入れることが出来なかったことを覚えています。

もちろん、内容が「道徳的」なことが必ずしも悪いわけではないですが、自我が目覚める思春期以降は、読書において暗に「道徳」が強要されることに、どうしても抵抗を感じるという生徒がほとんどでしょう。

本来、読書というのは読む側が本を選ぶものであり、百歩譲って教師が選んだ本を読むにしても、感想を求めるならば、自分の感性に訴えかけるものでなければ書けないのではないかと思います。同じクラス、あるいは同じ学年の生徒全員に、同じ図書を課題として読ませるという、このやり方自体にそもそも問題があるのです。

第二に、感じたことを自由に書くことが難しいという問題があります。

教師が良かれと思って推薦した図書に対して、「この本は本当につまらない」とか「読む意味はまったくない」などと感じた場合に、素直にその感想を書けるでしょうか。おそらく、教師の不評を買うことを恐れて、「つまらなかった」などとは間違っても書けない人の方が多いのではと思います。

そう考えると、読書感想文とは、必ずしも「感じたことを自由に書いてよいもの」ではないことがわかります。教師の顔色を気にしながら、時に自分の本心を隠して体のいい言葉を並べてしまう——それは本当に、教育現場で課す課題として正しいものと言えるのか、甚だ疑問を感じるところです。

第三に、読書感想文にはフォーマットがないということです。読書感想文はたいていの場合、「原稿用紙3枚」など分量の指定があるだけで、どのような文体、構成、テーマで書けばいいのか、特に指示や事前指導がないことがほとんど。形式もなく、どのような書き方でもいいというのは、実はかなり難しいことなのです。

何をどのような順番で書いたらいいのか、あるいはどの部分をどのように感じたのかなど、ある程度、教師にテーマをしぼってもらわないと、手をつけづらいという人も多くいると思います。

余談にはなりますが、インターネットで検索してみると、やはり読書感想文の具体例が、しっかりと出ています。

例えば、「夏目漱石の『こころ』の読書感想文」と検索をすれば、『こころ』のあらすじも、読書感想文も見つかります。これをコピペして提出するとどうなるのでしょう。

そういえば、かつて私の学生時代には「あとがき」をまとめて読書感想文を書けばいいという暗黙の禁じ手もありましたが（笑）。

さて、このような問題を抱えた「読書感想文」ですが、２０２０年以降の教育においては致命的な欠陥になると言うほかないでしょう。その理由は、教育改革後の学校現場で教えるべき３つの力を再び想起すれば明らかだと思います。

感じたことを自由に書くことができず、かつ書き方に関してなんらかのアドバイスがなければ、「自分の考えを表現する力」は当然鍛えられませんし、自分の思考が最大限働くような本を選んで書くことができなければ、そもそも自分の考えを明確にすること自体難しくなります。

要するに、従来の形の読書感想文は消える可能性が高いのです。

しかしながら、この読書感想文という課題の問題は手法にあるのであり、「読書」という行為そのものにはありません。むしろ読書は推奨されてしかるべきことですし、なんとか学校としても別の形で、読書と結びついた学習を推し進めたいところではないでしょうか。

では、２０２０年の学校の授業で、従来の「読書感想文」をどのような形に昇華していけばいいのか、考えてみます。

ここで、日本の従来型読書感想文を対象化するために、一度海外の例を見てみましょう。

欧米では、生徒に読書を推奨する際には、「BOOK REPORT」という課題を出すのが一般的です。これは2段階の作業を必要とするもので、まずは、フォーマットにそって本の内容を要約していく形式になっています。本の内容をきちんと掌握することが目的です。

その上でアクティブ・ラーニングの形式を取り、本の中で作者のこだわりや主張が見られる部分について、教師の方で「問い」を立て、生徒たちに議論させるのです。

この「問い」というのは、例えば夏目漱石の『こころ』であれば、次のようなものになります。

「もし、あなたがKだったら、先生の発言に対してどのような行動を取るのか」

「BOOK REPORT」の例

Name:

MY BOOK REPORT

Book Title: ____________________ Author: ____________________

※タイトル ※著者

Main Characters: ____________________ Story Setting: ____________________

※中心人物 ※設定

Story Summary:

※あらすじ

Main Events:

※中心となる出来事

Story Conclusion:

※結末

Write 1 fact and 1 opinion about this story:

※一つの事実を取り上げ、意見を書きなさい

「K」というのは、メインキャラクターであるところの「先生」の友人であり、恋のライバルでもあります。二人の駆け引きの中で「先生」が放った「精神的に向上心のない者はばかだ」というセリフは、この作品の中で最も衝撃的な言葉の一つであり、その後の物語を大きく動かす役割を持っているのですが、紙幅の関係上、詳細は省かせていただきます。

さて、先ほどの例題についてですが、これに答えるのは、簡単なことではありません。

全文を読んで、まずは漱石が「先生」と「K」の人間関係をどのように設定しているのか、そして、この小説を通じて何を訴えたかったのかを考えた上で、さらに、「もし自分がKの立場であればどうするか」を考えなくてはならないのです。

そのためには、読解能力はもちろんのこと、自分自身の人との関わり方、もっと言えば行動美学はどのようなものかを見つめ直し、考えて、表現することが必要となります。

この作業は、2020年以降に必要な3つの力のうち、**「自分の考えを表現する」**ことにつながります。

「意見文の書き方」や「要約文の書き方」など、「表現」の仕方は、また別途学ぶ必要がありますが、読書を通じて自分の考えを判断し表現できる、このBOOK REPORTのようなやり方は、教育改革に対応した学習方法と言えるでしょう。

【ケース2】地理歴史・公民科の時間

地歴・公民科。暗記教科と思われがちなこの教科は、まさに従来の詰め込み型教育を象徴しているように思われます。一見すると、2020年以降の日本の教育に、最もふさわしくない教科のようでもあります。

では、どのような授業であれば、2020年に実施可能になるのかを考えてみます。

私の専門科目は、地歴・公民科です。小さい頃から歴史が好きだった私は、教師を志した時から歴史を教えたいと思い、地歴・公民科の免許を取得しました。

専門家の立場から述べたいのは、地歴・公民科は2020年の教育に見合った授業になり得るということです。

歴史の授業を例にするのであれば、人間が創り上げてきた歴史を通じて、生徒が自分自身の「生き方」について考えることが出来ると考えているからです。

しかし、現状の地歴・公民の授業は、やはり知識詰め込み型になってしまっているのも事実です。

特に高校では、大学受験の影響もあり、詰め込み型にならざるを得なかったのです。

例えば日本史においては、私自身の大学受験の時のことを思い出すと、山川出版社が出している『日本史用語集』をどのくらい暗記しているかが、合格に向けてのバロメーターでした。改めて、現在（2014年12月刊）の収録語数を調べてみると、なんと約1万7000用語もあるようです。

誰かに聞いたのですが、山川の用語集は、大学入試で過去に出題されていなかった部分が取り上げられると、その用語を時として補充してきたとのこと。これを繰り返すことでどんどん用語が増えていったのです。つまり、私が学生の時よりも今の学生の方が、覚えなければならないことが格段に増えていると言えます。

そのため日本史を含む地歴・公民科を勉強するにあたっては、様々な暗記方法、年号の語呂合わせなどが生まれ、学生はそういった暗記術を用いて必死に知識を頭に詰め込んでいるわけですが、このような場当たり的な学習でいいのでしょうか。

地歴・公民科を含め、授業で教えられた知識をただ単に暗記してテストに備えるような学習が、「知識の習得」から「知識の活用」への転換を目指す2020年において不十分であることは、お察しの通り、間違いありません。

それでは、2020年以降はどのような授業を実施すべきなのでしょうか。ここでは、大学入学試験の日本史の問題にも頻出する「江戸時代の三大改革」の単元を例にして考えてみます。

「江戸時代の三大改革」とは、享保《きょうほう》の改革・寛政《かんせい》の改革・天保《てんぽう》の改革のこと。それぞれ8代将軍徳川吉宗・老中松平定信・老中水野忠邦による経済立て直しの政策です。この時の政策が、参考書などではよく次のページのような表にまとめられています。

今までの授業であれば、この表を改革の年代順、年号、制度の名前、制度を作った人の名前などを漢字も含めて正しく覚えておけば、定期試験等で得点を取ることは出来ました。

テストの難易度が上がったとしても、表にないような細かい知識——例えば、松平定

三大改革と田沼の政治の比較

改革	享保の改革 (1716－1745)	田沼の政治 (1772－1786)	寛政の改革 (1787－1793)	天保の改革 (1841－1843)
おこなった人	8代将軍 徳川吉宗	老中 田沼意次《おきつぐ》	老中 松平定信	老中 水野忠邦
方針	質素検約	商業を奨励	質素検約	質素検約
政策	・公事方御定書（裁判の基準）の制定 ・大名の参勤交代の負担を減らすかわりに米を差し出させた（上げ米の制） ・新田開発の奨励 ・目安箱の設置	・株仲間を奨励 ・長崎貿易などで輸出を奨励した ・蝦夷《えぞ》地などの新しい土地の開発	・ききんに備えて米を蓄えさせた ・旗本や御家人の借金を一部帳消しにした ・幕府の学校で朱子学以外の学問を禁止した ・江戸に出ていた農民を村に帰すことを奨励した	・株仲間の解散 ・出稼ぎを禁止して江戸の農民を村に帰らせた ・幕府直轄地を増やそうとした
結果	幕府の財政は一時的に立ち直った	わいろが横行し、政治が乱れた	厳し過ぎる改革で失敗	庶民だけでなく、大名や旗本の反感をかい失敗

信の著書の名前など——を聞く、やはり暗記重視の問題が出題されてきたのです。定期試験だけでなく、これまでの大学入試の出題の仕方、問われる内容も、この延長線上にありました。

それに対し2020年の学校の授業においては、次のような「問い」に答える力を育てる方向に学習内容が変化すると考えています。

「江戸時代の三大改革と田沼意次《おきつぐ》の政治を比較し、あなたであればどのような経済政策を取りますか」

このような問題が定期試験などで出た、という経験を持っている方は、ほとんどいないでしょう。ただ知識を蓄えただけで簡単に解けるような問題ではないということは一目瞭然だと思いますが、では、ここでは具体的にどのような力が問われているのでしょうか。

ポイントは3つあります。

第一に、単純な知識の理解にとどまらず、その本質を理解していることです。本質を理解している、というのは、実生活や実社会の物事と照らし合わせて考えることができるということ。

先ほどの「問い」であれば、三大改革も田沼意次の政治も、日本史の中では必須の暗記項目です。もちろん多くの学生が、個々の政策についての知識を有していることと思います。しかし、ここで知っておくべき本質とは、「何年に何があった」「誰それが○○という政策を行った」という史実そのものではありません。

田沼意次というのは、積極的なインフレ政策を取った人物で、三大改革のすべてに共通する緊縮的なデフレ政策とは、正反対の考え方に立脚した政治を行ったことで有名です。このように比較・対比が出来るくらいにまで、それぞれの政策の性質の違いを理解し、抽象化できている必要があるのです。

第二に、「自分の考え」を持つことが必要となります。

再度先ほどの問題に立ち戻ると、デフレとインフレの両方の政策を吟味した上で、自分はどちらがふさわしいと思うか——あるいはどちらもふさわしいと思うか、どちらもふさわしくないと思うか――判断しなければなりません。どちらを選択したとしても、正解でも不正解でもない――これは、今までの教育にはなかった性質の問題と言っていいのではないかと思います。

そして、生徒個々人のオリジナルの意見を聞いているあたりは、クリエイティブな思考力を求める2020年の教育の方針に準じていると考えます。

第三に、「自分の考え」を、論拠をもって表現する必要があります。

現行の教育では、せいぜい第一の「知識の本質の理解」まで出来ていればよい方でしょう。それも授業で意識的に教師が教えているというよりは、限られたごく一部の優秀な生徒が、自発的に知識の本質の理解を試み、それに成功しているだけということがほとんどです。

そして、第二と第三の点までは、暗記教科たる地歴・公民科では、言わずもがな授業で行われることはなかったと言っていいでしょう。この理由に関しては後述します。

さて、これまで多くの知識を覚えて、テストではそれを正確に再現する、という作業に特化していた日本史の授業、ひいては地歴・公民科の授業において、先のような問いが与えられると、途端に多様な力が求められることがおわかりいただけたと思います。

そして、このような問いに接し続けることで、生徒の「**自分の考えを表現する力**」、そして「**クリエイティブな思考力**」はだんだんと鍛えられていくのです。

覚えた知識を覚えたままにせず、「自分であればどうするか」を考えられるような授業づくりをする。これにより、地歴・公民科の授業は２０２０年の教育改革に対応した学びを提供できる時間になるのです。

【ケース３】ディベートの時間

生徒たちが、自分たちの考えをまとめ議論をする「ディベート」。主に国語科の時間などに行われることが多く、議論を感情的にではなく論理的に展開する力を修得することができる、とか、相手の考えも理解しなくてはいけないので、物事を多面的に見ることができるようになる、など、いろいろな利点があると言われてきました。

そして何より、主体的な学びとして、２０２０年以降の学校教育に最もふさわしい学習内容の一つであると思われます。

しかしながら、教育現場では、どうもディベートの教育効果が、教師にとっても生徒にとってもはっきりしなくなっている、という声をよく聞きます。

主体的な学びの手法としてアクティブ・ラーニングが教育界を席巻するようになってからは特に、以前まで同じく主体的な学びとして現場で行われていたディベートの存在が目立たなくなってしまったのです。

アクティブ・ラーニングは、「教員による一方向的な講義形式の教育とは異なり、学修者の能動的な学修への参加を取り入れた教授・学習法の総称」（平成24年8月中央教育審議会「新たな未来を築くための大学教育の質的転換に向けて」より）と定義されています。

今までのような教師が一方的に授業を行うスタイルではなく、生徒たちが主体的に発言し、考えるような授業のスタイルです。

では、そのアクティブ・ラーニングがディベートを駆逐しつつあるのは、何故なのでしょうか。

最大の原因は、ディベートの本来の目的を見失っていることにあると、私は考えます。

教育においてディベートを実施する狙いは、生徒たちがあるテーマについての議論を通じて、自分の意見を論理的かつ説得力のある形で、他者に伝える力を身につけることにあります。ですから、ディベートを展開するにあたって最も重視しなければならないのは、「その主張がいかに論理的で説得力があるか」という点なのです。

しかし、実際に学校で行われているディベートはどうでしょう。

例えば、「制服に関する校則はどうあるべきか」をテーマに、現時点で禁止されている服装――カーディガンやくるぶしソックスの着用など、学校によっていろいろあるのではないでしょうか――の許可を求める側、それに対し、校則を維持した方がよいと考える側に分かれて、生徒間で話し合いをするとします。

この時、本来の目的通り「その主張がいかに論理的であるか」を観点とし、より論理的で説得力のある意見を互いに主張しようと心がけられればよいのですが、実際問題なかなかそうはいかないのです。というのも、教師の目があるというのが一つの大きな障害になっているのです。

教師の目があるとどうなるかというと、生徒は「論理的かどうか」ではなく、「いかに正しいか」という観点で、ディベートの結論を出してしまおうとしてしまいがちです。

先ほどの例で言うのならば、「制服に関する校則はどうあるべきか」について話し合った際、禁止されている服装を自由化することの意義や妥当性を、どれだけ論理的に説得力を持って主張することが出来たとしても、「それは学校に着ていく服としてふさわしくない」という学校的正論、教師的正論でもってたしなめられ、評価してもらえない可能性が高いのです。

日本の教育は特に、教師‐生徒間の縦関係が色濃く反映されているからか、そういった学校の秩序論と切り離したところでディベートを行うのが下手なように思われます。主張の論理性がどうこう以前に、教師がディベートに「秩序」という正しさを持ち出し得る存在としてその場にいることが、ディベートの本来の目的を見失わせてしまっているのです。

また、教師自身が能動的に、ディベートをよくない方向へ進める場合もあります。

例として、「原子力発電を今後どうするべきか」というテーマについて、原発ゼロ派と維持派に生徒が分かれて話し合ったとします。

近年の学校のディベートでよく取り上げられる題材です。

このディベートの終わりに、例えば次のようなコメントを述べる教師がいます。

「現実的に経済のことを考えると、原発がゼロになってしまうのは大変弊害がある、という意見はよくわかる。また温暖化のことを考えると、再生可能エネルギーを代替としたいところだが、それで原発のエネルギーをすべてまかなうのは現実的でもなく、化石エネルギーに依存せざるを得ない。ただ一方、これだけ危険とわかった原発を、いかに経済のためとは言っても、推進していいのか、という考え方もよくわかる。どちらの意見ももっともなことで、慎重に考えていく必要がある。いずれにしても、自分たちの未来のためにも、他人の意見まかせにしないで、自分の意見をきちんと持てるようになるためにも、しっかりと勉強をすることが大事だと思います」

このコメントは要するに、原発ゼロ派と維持派の主張を整理しつつ、何かしらの結論を出さずに総括していることになります。学校でディベートを行った後はたいてい、教師がこのようにまとめの一言を言って締めているのですが、実はこのコメントには大きな問題があります。

教師の言葉は、一見、道徳的かつ中立的な立場から第三者としてまとめを行っているように思えますが、実のところ、教師個人の考えが見え隠れしています。

確かに、片方の意見のみを持ち上げるようなことはしていませんが、「どちらの意見ももっともだ」と言ってしまうことこそ、大問題なのです。これでは、先述の「その主張がいかに論理的で説得力があるか」という観点で議論の展開を見ることが出来ていません。

その上生徒は、教師が「どちらの意見ももっともだ」と言ってくれるような、ある程度の正しさと安心感を備えた意見を用意しなければならないと、無意識のうちに認識してしまいます。これでは、生徒は教師の顔色を見て当たり障りのない主張しか出来ず、もはやディベートとは形ばかりで、中身のない非常に意義のない時間になってしまうのです。

先ほどのコメントはあくまでも例ですが、教師が一個人の考えに立脚して無意識のうちにごく私的な意見を述べてしまうケースは多々あり、この教師の存在こそがディベートの有意義な運用を邪魔してきたのです。

しかしながら、ディベートが主体的な学びを提供するための装置として、有効活用し得るものであることは確かであり、２０２０年以降の学校の授業でも、積極的に取り組んでいくべき課題だと私自身思っています。

では、ディベートの時間は具体的にどのような形になればよいのでしょうか。

私は、ディベートの時間を、「いかに正しいか」を基準に議論を作り上げるのでも、また、肯定側と否定側に分かれて「どちらが論理的かつ説得力があるか」を競い合う場でも、どちらでもない時間にするべきだと考えています。どちらの意見も考え合わせた上で、どうすればお互いが納得できるのか、第三の意見を出し合うための場にするべきだと思うのです。

例えば、以前訪問した学校で、「津波で陸地に乗り上げた船をどうするか」についてディベートの時間に話し合う様子を見学させていただいたことがあります。

このテーマで、保存派と反対派に分かれて立論し、双方の意見を述べます。ここまでは通常のディベートのやり方と同じです。

しかしその授業はここで終わらずに、教師が次の課題を投げかけました。

「それでは双方で話し合って、船をどうするか、決めなさい」

生徒たちは、双方の考えを大事にしながら、最適解を探していきます。

難しい作業ですし、生徒たちも簡単には結論を出せませんでした。ただ、ビジネスシーンやご近所間など、現実社会において対立する複数の意見が存在した時には、どちらか一方の意見を採用してもう片方を蔑ろにしたり、あるいは、結論を出さずになあなあにすることより、圧倒的に、意見をすり合わせて一つの答えを出すことの方が多いのです。

この授業を見た時、なるほど、これこそ最も有意義で実用的なディベートの運用方法だと思ったものです。

意見を対立させたままで終わるのではなく、最終的にお互いにとっての最適解を出せるようなディベートの授業を行うことができるようになれば、改革に必須とされている3つの力のうち、「**課題解決に向けて協働する力**」そして「**自分の考えを表現する力**」の2つの力を獲得出来るようになるのです。

取り組むべきは「正解のない『問い』」

２０２０年以降に獲得させせたい３つの力「課題解決に向けて協働する力」「自分の考えを表現する力」「クリエイティブな思考力」について、どのように授業を改善していけば生徒がそれを身につけることができるのかについて、３つのケースを通して考えてきました。

さて、この３つの授業には、ある共通要素があります。それは、答えが一通りでない問いに取り組まなくてはならないことです。私はこのような問いを、「正解のない『問い』」と呼んでいます。

３つの授業のモデルケースで紹介した問いを、今一度振り返ってみましょう。

「もし、あなたがKだったら、先生の発言に対してどのような行動を取るのか」

（国語科・読書感想文）

「江戸時代の三大改革と田沼意次の政治を比較し、あなたであればどのような経済政策を取りますか」（地歴・公民科）

「津波で陸地に乗り上げた船をどうするか」（ディベート）

これらの問いはジャンルこそ違えど、解答者に求めていることはすべて同じです。つまり、「あなたであればどうしますか？」ということを聞いているのです。

ここが、現行の授業と決定的に異なる部分で、これまではたいてい一つの問いにつき一つの正答があり、たとえそれが自由記述の問題だったとしても、理想的な一応の模範解答が設けられていました。

それに対し2020年以降の教育では、問いを設定すると同時に模範回答も設けておくのではなく、あくまで、生徒個人が自分なりにどう考えるかを重視しようというのです。先に掲げた身につけるべき3つの力というのは、要するに、問いに対して自分の意見を表明するために必要な能力というわけです。

さて、以上のような授業の改革が喫緊の課題となっているわけですが、実際に新しい形の問いに取り組むとなると、学校側、教師側はもちろん、生徒側もすぐには順応できないことが予想されます——教育改革後に義務教育を受ける年代の子たちは別として——。

特に、大きな引っかかりを覚えるのは、問いと対峙した時の不安感、そして、問いに答えを出した後の不完全燃焼感です。それをここでは、「モヤ感」と呼びたいと思います。

学校現場に必要とされる「モヤ感」とは

「モヤ感」の意味するところについてもう少し詳しく説明したいと思います。

この本の冒頭で取り上げた東大の入試問題を、今一度参照してみましょう。

「もし、地球が東から西に自転していたとしたら、世界は現状とどのように異なっていたと考えられるか、いくつかの観点から考察せよ」

実際にはあり得ないことについて問うているのですから、この問題に接した時、頭の中はモヤモヤした状態でいっぱいになると思います。

あらゆる法則が逆転するかというとそうでもないし、そもそも日本が存在しているかどうかもわからない。偏西風は逆になるだろうから、季節感も変わるかもしれない。もしかしたら、宇宙の構造も異なるかもしれない……。そういったことなどについて予測や試行錯誤を重ねることでしょう。

そして最もモヤモヤするのは、問いに対して答えを出す瞬間ではないでしょうか。先ほどの問題のような「正解のない『問い』」とは、繰り返すようですが、答えが一通りでない問題です。同じ人物の頭の中でも、おそらく、考察を通して様々な「答えらしきもの」がいくつも生まれることと思います。そのどれもが、答えとして成立する可能性があるのです。

しかし、最終的には一つを選ばなければなりません。ただ一つの正解があるような問いと違い、答えの内容を決めるのは自分の意思なのですから、「なぜその答えを選ぶのか」という理由や、その答えにふさわしい根拠も含めて解答しなければなりません。正しい答えが定められていない分、「モヤ感」が増幅するのです。

ただ、「モヤ感」は決して否定されるべきものではありません。むしろ、「知的好奇心」につながるものです。

何故なら、答えを出そうとモヤモヤ悩んでいる時には、物事をもっと知りたいとか何故そうなるかなどと考えているからです。

知的好奇心は、人間には本来備わっているものです。

子供心に、見るもの聞くもの、自分の知らない何かについて「ナンダロウ、ナンダロウ」と問いたくなった思い出は誰しもお持ちではないかと思います。

小学生向けの『なぜだろう　なぜかしら』（実業之日本社）という本がありますが、この本では大人が思わず答えに詰まる素朴な疑問、特に自然や生き物、地球・宇宙など科学の疑問について答える形式で書かれています。この本は私も大好きで、小学生の頃によく読んでいました。

小学生の頃の「なぜだろう」「なぜかしら」という気持ちは、まさに知的好奇心から生まれた「モヤ感」と言えます。このような「モヤ感」は、年を取っても持ち続けるべきだと思います。

しかし高校生くらいになると、残念ながら多くの人は、「なぜだろう」「なぜかしら」といった気持ちが薄れがちになります。

それは、中学校、高校と学年が上がるにつれて、現行の教育の影響を受けていくからだと考えられます。「なぜだろう」「なぜかしら」という気持ちを持ってもなかなか評価につながらないのです。

知的好奇心を持つことは、とても大事だと感じる読者の方も多いと思いますが、現在の教育現場ではその位置づけが正直とても低いのです。

本当は、それはすごくもったいないことですし、2020年に向けて改革を進めるためには、むしろ重視すべきものなのです。

ところで、生徒が先ほどの「もし自転が逆になったら……」という問いについて、授業中に教師に質問したとします。

もしこれが大学入試の問題などではなく、単なる生徒からの質問だったとしたら、次のような答えが教師から返ってくるのではないかと思います。

「そういうことを考えるのは大事なことだけれど、大学に入ってからゆっくり考えればいいと思います。今はまず基本的な知識を学ぶのが先です」

実際にこのように言われた経験を持っている方もいると思います。当たり前、とされていることに対する「何故」という質問や、答えが出にくい質問は、大体の教師は嫌がるものです。

何故かというと、現在の授業は、あくまで試験を見すえて、覚えるべきことだけを教える「勉強」だからです。

最も「やらなくてはいけないこと」は、今までは受験勉強だったと思います。「もし、地球が東から西に自転していたとしたら……」という「問い」は、過去の大学入試では取り扱われなかったタイプの「問い」なので、従来の「勉強」の範疇には入らないものと考えられます。

ではこのような問いについて考えることをどのように形容すればよいかといえば、それは「学問」でしょう。

自分が知らないことを学ぶことで、新たな発見もあれば、悩み考えることもある。学んだことで悩み考える、そしてそこに「問い」が生まれる。「問い」に対して「答え」を出そうとするために、新たな「学び」が生まれる。「学ぶ」と「問う」が繰り返されます。

その「学び」と「問い」の間に存在するのが、「モヤ感」であり、知的好奇心なのです。

2020年の授業は、「勉強」ではなく「学問」に変わると予想されます。

授業で自転のことを学び、それによって生じている現象について学ぶ。そこで終わらずに、その定義自体をひっくり返して考えてみる。

そうした知的好奇心に基づいた学びこそ、今後の「やらなくてはいけないこと」なのです。

答えを点検するためのクリティカルシンキング

「正解のない『問い』」に対し「モヤ感」を持って思考を深めていくと、「自分の考えはこれかな」という仮の答えが出てきます。

その際、「これかな」という仮の答えが、本当に回答としてふさわしいかを検証する作業が必要となります。

自分が言おうとしていることが論理的な考察に基づく答えなのか、もう一度あらゆる角度から見直してみること。これが、クリティカルシンキングです。

少し抽象的な表現になってしまったので、前に取り上げた歴史の授業の「問い」をもとに具体的に考えてみます。

「江戸時代の三大改革と田沼意次の政治を比較し、あなたであればどのような経済政策を取りますか」

三大改革と田沼の政治は、江戸時代に実際にあった史実です。

この「問い」は、史実は史実として了解した上で、「もしあなたが〜であれば」という仮定の話について考えさせています。

最初は、正解が一つとは限らない問題ということもあり、頭の中にいくつかの政策が思いつき、「モヤ感」でいっぱいになると思います。

ふさわしい答えを見つけ出す上では、それらの考えが本当に論理的に説明できるものなのかどうかをチェックすることが必要となりますが、これにはいくつかの観点があります。

・当時の社会情勢と、政策の結果を考える【因果関係】
・三大改革と田沼政治の経済政策を比較・検討する【比較検討】
・両政策は、それぞれどのような経済政策であるか、抽象化する（デフレ・インフレ）【抽象化】

自分の考えをチェックするためには、このような「因果関係」「比較検討」「抽象化」といった観点から、客観的に考察するスキルが必要なのです。

こういったスキルを使いこなすことによって、クリティカルシンキングは成り立つのです。

クリティカルシンキングは、複数の「答えらしき答え」が頭の中に浮かんできて「モヤ感」に溢れた思考を整理することに役立つので、必ず技術として身につけておくべきでしょう。

ただ、クリティカルシンキングで考えを精査することができたとしても、論理的に合っている答えは決して一つとは限りません。

複数浮かんだ考えの中から回答を選ぶためには、論理的かどうかだけでなく、自分のこだわりたいものは何かを考える必要があるのです。

この自分のこだわりのことを、私は「自分軸」と呼びます。

最後に問われるのは「自分軸」

「正解のない『問い』」に対して答えを一つ出す時、最後には、自分が何にこだわっているのかが自ずと問われます。

今一度、読書感想文のところで例にあげた「問い」で考えてみます。

「もし、あなたがKだったら、先生の発言に対してどのような行動を取るのか」

この「問い」に対し、「モヤ感」と格闘する。そして、答えとしてふさわしそうな考えがいくつか出てくる。その中から最終的にどのような回答を選択するのかは、自分の価値観に委ねられているのです。

漱石が『こころ』で実際に書いたように、「死を選ぶ」という決断もあれば、異なる決断もあり得るでしょう。大事なことは、その決断の裏には自分が何にこだわりたいのかという、独自の基準があるということです。

これこそが「自分軸」です。

正解が一つだけではないということは、様々な考え方が正解として認められ得るわけですから、どのような答えを選んでも間違いではありません。だからこそ、「自分軸」をはっきりとさせ、回答の背景に確かな価値観があることをアピールしなければならないのです。

この「自分軸」がどこにあるのかを判明させることは、ある意味、人生の究極のテーマだと思います。どのように生きていきたいかを決める判断基準になるからです。

「自分軸」を形成していくには、次のような自問自答が必要になると思います。

「自分にとって知識はどう役に立つのか」

「それは社会に貢献するものなのか」

「自分は何のために学ぶのか」

「自分はいったいどこに向かっていくのか」

「多様な意見をどのように受け入れればよいか」

仲間と自分、教師と自分、社会と自分、自然と自分、世界と自分……。身近な人間から大きな事物まで、ありとあらゆる対象との関わり合いを検討する中で、「自分軸」は形成されていくのです。

「正解のない『問い』」に対して、「モヤ感」を持って悩み、考える。そして、「クリティカルシンキング」でそのことが論理的に合っているかをチェックする。最後に「自分軸」と向き合い、答えを出す。

このサイクルが、2020年以降の学びには不可欠なのです。

大学入試における「正解のない『問い』」

2020年以降の学校教育では、「正解のない『問い』」が扱われるようになる——だからこそ、大学入試においても、冒頭の東大の問題のような「正解のない『問い』」が多くの大学で出題されるようになるのです。なお、すでにその方向性の問題を出題している大学もあります。

例えば、次のような問題が以前、実際の入試問題として出されました。

「親友と最近連絡が取れません。どうやら、親友はひどく落ち込んでいるようです。何度か連絡を試みた結果、ようやく明日親友と会って話すことになりました。そこでは、どのようなやりとりが二人の間で繰り広げられるでしょう。二人のやりとりを対話形式で解答用紙のA欄に、そしてそのやりとりの中であなたが意図したことをB欄に述べなさい。」

（2008年　慶應義塾大学医学部　小論文）

この問題は、まさに「正解のない『問い』」そのものと言えるでしょう。

連絡が取れなかった親友は何に落ち込んでいるのか、悩みがあるのか、会った時にどのような言葉をかけるといいのか、そもそも二人はどのような付き合いをしているのか、等々……。いろいろと想像し、考えなければなりません。

受験、友人関係、恋愛、家族、病気など、親友がどのようなことで落ち込んでいるのかは、この問題に対応した生徒が決めるもので、もちろん「正解」はありません。ゆえに、まず生まれるのは「モヤ感」です。どれを選んでも間違いにはならないからこそ、自分の考え方をしっかりとアピールできる切り口を設定しなければなりません。同時に、親友と会った際にどのような話をするのかを考え、それをどう表現するかも考える必要があります。

自分が実際に友人の相談に乗った時の経験を思い出しながら書くのも、有効かもしれません。いずれにしろこれは、「自分軸」がないと対応できない「問い」なのです。

そしてこの問題には、クリティカルシンキングも求められています。

親友の悩みを想定し、その対応を考える。直感で思いついたあいまいな対応方法では、回答できないと思います。

「多分受験で悩んでいるのだな、だったらこんなアドバイスをしよう」

「いやまてよ、もしかすると家族のことで悩んでいるのかな」

「このアドバイスだと、誤解されてしまうかもしれない。だったら……」

など、一度考えたことを、もう一度、「本当にそれでいいのか」と考え直す。これは、クリティカルシンキングそのものです。

このように、「正解のない『問い』」に接した時の回答までの過程は、入試問題を解く際にも通るのです。

一つ、覚えておくとよいことは、この慶應義塾大学の小論文の問題は、大学入試の問題ではありますが、人生や生き方に関する本質的な「問い」であるということです。大学入試のためだけに答えを考えなければならない「問い」では、決してありません。生涯自分自身の問題として向き合わなければならないような「問い」です。

私は、このように個人の人生観にも関わるような「問い」を、特に、「深い問い」と呼びたいと思います。

２０２０年以降は学校教育でも入試でも、この「深い問い」と向き合うことが求められてくるでしょう。

何故今まで「正解のない『問い』」は扱われなかったのか

この章では、２０２０年の授業やテストはどう変化するのか、あるいは変化すべきかを考えてきました。

文科省の考える学力の3要素を解釈しなおした3つの力を、生徒たちが、学校でどうすれば身につけることが出来るのかを、授業の例をあげながら考えましたが、その際、「正解のない『問い』」を取り上げる重要性について強く訴えたつもりです。なお、そのような問いに取り組むにあたっては、

①「モヤ感」を持って様々な方向から選択肢を考え
②「クリティカルシンキング」を用いて論理的に正しいか精査し
③「自分軸」でもって回答を決定する

というプロセスが必要だと述べてきました。

さて、ここである一つの疑問が浮かび上がります。何故今まで、「正解のない『問い』」は、授業で取り扱われてこなかったのか、ということです。

まず要因として考えられるのは、この問いを取り入れた授業のマニュアルがないに等しい、という点です。教師自身が今までそういった授業の実践をしたことがないだけで

なく、自分が生徒の時に受けた授業でも「正解のない『問い』」が取り扱われることはほぼなかったのではないかと思います。

では、マニュアルがあれば出来るのでしょうか。

実は、マニュアルを作るのは今、それほど難しいことではなくなっています。「正解のない『問い』」を扱う授業は海外では盛んに行われており、見本とすることが可能だからです。

果たして、問題は本当にマニュアルの有無にあるのかということも含め、次の章では、日本の教育の歴史、それから各国の教育の例を紹介し、「正解のない『問い』」が取り入れられなかった理由について探りたいと思います。

第三章

日本の学校教育に欠落しているものは何か

文化はどれほど教育に影響を与えるのか

前章では、「正解のない『問い』」は、日本の教育において、今までほとんど取り扱われてこなかったことを指摘しました。

この章ではその理由を考えていきます。

まず、日本の教育が、明治時代以来どのような経緯で成り立ってきたのかを検証します。そうして現在の日本の教育の成り立ちを考えていく中で、「正解のない『問い』」が、何故あまり取り扱われてこなかったかを、考えてみたいと思います。

次に、「正解のない『問い』」を積極的に取り入れている海外での教育の例を、日本と比較しながら紹介します。

国によって文化的背景は異なり、求める人材像も異なります。そのような違いを踏まえ、何故、その国々で「正解のない『問い』」が教育に取り入れられているのかを検証していきます。

そして、2020年に向けて、日本が海外からどのような考え方を授業に取り入れていったらいいのかを検討するとともに、それが可能であるのかどうかを考えていきます。

今の日本の教育が出来上がった背景

ここでは今の日本の教育が出来上がった背景を、近代国家として歩み始めた明治時代から、左記の4つの時代区分で考えてみたいと思います。

①明治から第二次大戦まで
②第二次大戦からバブル崩壊まで
③バブル崩壊からゆとり教育まで
④ゆとり教育から今日まで

なおこの4つの時代は、社会の大きな変化が、教育の内容に多大な影響を与えたと思われるタイミングを境界線とし、区分したものです。

①明治から第二次大戦まで

日本で近代的な教育制度が整ったのは、明治時代でした。明治政府は、近代国家建設のために世界各国の制度を取り入れようとしました。教育はフランスの制度を取り入れ、「国民各自が身を立て、智を開き、産を作るための学問」といった近代市民的な教育論に則りました。

封建的な江戸時代からすると、「国民各自が身を立て」るという高い理想を掲げたことは、画期的であったと考えます。

しかし、明治の半ばを過ぎると、教育政策は当初のものとは大きく異なっていき、国家主義的な要素が強くなっていきます。

当時の日本は、欧米列強による東アジア諸国の占領・侵略の危機が迫る中で、近代的な国家を確立しなければ、植民地化されてしまうという危機感が強くありました。政府としては、「富国強兵」「殖産興業」を迅速に進める必要から、国家の発展に寄与する人材の育成を教育に求めたのでしょう。

この政策の是非を論じるつもりは、ありません。何故なら、教育とはもともと、社会の要請を強く反映するものだからです。明治の人々が当時の世界情勢の中、どうすれば日本が生き残っていけるかを、真剣に考えた上での政策であったことは間違いないと思います。

ただ、結果的に教育の現場では、「自分の意見や考えを主張する」ことよりも、「指示されたことを実行する」ことの方が重視されることとなりました。

②第二次大戦からバブル崩壊まで

第二次大戦後は、マッカーサーによる五大改革の指令の一つとして、教育を通じて民主主義が日本に根づくよう、教育制度の自由主義的改革が要求されました。教育から国家主義的な色彩は追放されていき、個人の自由や権利の追求を重視する方針が、教育の中に盛り込まれたのです。

それでは、戦後の教育がどうなっていったのか、この点に関して述べます。

戦後まもなくの日本は本当に貧しく、焼け跡からどのように復興していくのかが、喫緊の課題であったことは間違いありません。生きていくことに精一杯の時代だったのです。

そして復興が進む中、ベビーブームが到来し、子供がとても多く競争が激しい時代になっていきます。

そんな時代に求められたのは、「自分の意見や考えを主張する」ことではないでしょう。競争社会においては、「指示されたことを実行する」ことで、「よりよいポジション」を獲得することが、先決だったと思います。

「クラスの中でよりよい成績」「よりよい高校への入学」「よりよい大学への入学」「よりよい就職」という具合に、常に人よりも相対的に上にいることで、何らかのメリットがある、という風潮が当時はありました。個人の自由や権利の追求は、あくまで他人との競争の中で認められるものだったのです。

戦後のそのような風潮は、バブル崩壊まで続きました。

景気変動はあったものの、経済は右肩上がりで、「頑張れば、今日より明日の方が、よりよい日本になる」といった空気もありました。1960年代の高度成長期に生まれ育った私も、この感覚は強く持っていました。

また、戦後日本をリードしてきたのは、「日本株式会社」とも称される民間企業群であり、それを支えた官僚であったことは間違いないでしょう。両者は、二人三脚で動いてきました。

成長をあてにした戦略をトップが立て、それを実現する役割を担ったサラリーマンや役人は、「指示されたことを実行する」ことで、その組織を円滑に動かしていたのです。

そのような社会情勢において、重視されたのは、やはり「学歴」でした。受験の際、膨大な知識を、粘り強く努力し要領よく頭に詰め込み、結果を出してきた人間は、まさに「指示されたことを実行する」人間として評価しやすかったのでしょう。

大学で学んできたことより、受験勉強の結果である大学名が、重視されていたのです。

その流れは、バブル終焉《しゅうえん》まで続きました。私が教員になったのは、バブル前夜の1985年です。当時はまだ経済的には右肩上がりの神話が存在し、受験の競争も大変厳しい時代でした。

教師になったばかりの私は、生徒たちに、「大学受験があるから、今は大変でも我慢して勉強を頑張るしかない」といった言葉をよく使っていたことを思い出します。そして、その言葉がかなり効果的であり、生徒たちには逆らいにくいものがあったのも、事実です。

思い起こすと、戦後からバブル終焉までに出来上がった、高校受験・大学受験の厳しい状況が、受験を頂点とした教育の流れを作ってきたことが実感されます。

そして、多くの受験生が推薦入試などではない、いわゆる一般入試中心に受けていた時代には、採点の手間のこともあり、論述の問題よりも断片的な知識を問うような問題が、最も適していました。

そして、教育現場は、そのような入試の対策を迫られる――といった流れが、出来上がっていったのです。

自分自身も、当時高校生の担任をする機会が多かったのですが、生徒が大学に進学して何を学ぶのかより、どの大学に進学するのかを常に念頭において受験対策をしていたことを思い出します。

この時期は、私だけでなく多くの教師が、大学受験をピラミッドの頂点とした教育をしていたことでしょう。

③バブル崩壊からゆとり教育まで

しかし、バブル崩壊は大きく教育現場を変えます。1990年代、「努力」や「頑張る」といった言葉が、何となく、生徒と接する上で違和感を持つようになってきました。今思い起こすと、日本社会が成長という神話を失っていくにつれて、「努力をしても報われないのではないか」と考える風潮が社会に広がっていったのです。

また、90年代も後半になると、第2次ベビーブームの子供たちの大学進学の時期も過ぎ去り、大学受験の厳しさもかなり緩和されてきました。大学に入学するために以前ほど努力を必要としなくなりました。

教育現場では、それまで教師が重視していた価値観である「努力」という言葉が、生徒に対して使いにくくなりました。

また、原因は一概には言えないと思いますが、不登校の生徒の増加が、社会的に問題になってきたのもこの時期です。

そういった時代の移り変わりの中で、文部省（当時）は、21世紀の教育をどのように展開するかを考え、それまでの教育の在り方を見直し、教育課程をどのように変えるかの検討をします。

そして、今から20年前、１９９６年に中央教育審議会は、文部大臣から「21世紀を展望した我が国の教育の在り方について」の諮問を受けます。その後「ゆとり教育」と呼ばれる教育への方向を示す以下の答申をしています。

この答申では、今回の教育改革においても根底に流れる考え方が示されているので、少々長いですが引用します。

「我々はこれからの子供たちに必要となるのは、いかに社会が変化しようと、自分で課題を見つけ、自ら学び、自ら考え、主体的に判断し、行動し、よりよく問題を解決する資質や能力であり、また、自らを律しつつ、他人とともに協調し、他人を思いやる心や感動する心など、豊かな人間性であると考えた。たくましく生きるための健康や体力が

不可欠であることは言うまでもない。我々は、こうした資質や能力を、変化の激しいこれからの社会を［生きる力］と称することとし、これらをバランスよくはぐくんでいくことが重要であると考えた。」

ここでは、社会の変化に教育が対応出来ていないことを指摘しており、生徒を自立・自律させることを教育の根幹におくように求めています。

こうして2002年、次の四つの改正に代表される新たな教育体制が生まれます。

- 学習内容及び授業時数の削減
- 完全学校週5日制の実施
- 「総合的な学習の時間」の新設
- 絶対評価の導入

一般に「ゆとり教育」と言われるのは、この時の学習指導要領の内容を指します。

④ゆとり教育から今日まで

2012年9月5日から、朝日新聞は「脱ゆとりの真相」という記事を3日間にわたって掲載し、「ゆとり教育」に関する当時の議論を紹介しています。

その記事の内容を一部紹介します。

「2002年1月、当時の文部科学相遠山敦子（73）と事務次官小野元之（67）がつくったアピール文によって、文科省は『ゆとり教育』の路線を転換した。その3年ほど前――。

『3・14が3になる』

『さよなら台形君』

1999年秋、大手学習塾『日能研』が関東一円で新聞の折り込み広告や駅のポスターでそうした宣伝文句をうたった」

この大手塾の宣伝から、「ゆとり教育」に対する風向きが変わったとしています。つまり、その内容について批判が相次いだのです。

98年から文相に就任していた有馬朗人は、「学校はきつきつの授業で生徒を画一的に教え込み、ゴムが伸びきったような状態で大学に送り込んでくれるな」と言って全国を回っていましたが、「ゆとり教育」に対するバッシングは止まりませんでした。

そのことを有馬氏は以下のように回想しています。

「受験人口の減少で危機感を持った私立には公立の教育内容が薄くなるという情報は渡りに船だった。この宣伝と結びつき、新学習指導要領の不信感を結果的に高めたのではないか」

この結果「ゆとり教育」は、方向転換を図らざるを得なくなったのです。

私自身、当時のことを思い起こすと、「ゆとり教育」は、その本質的な内容に関する議論があまり行われていなかったと思います。

それどころか、記事の通り、多くの私学は、少子化の中で生徒が減ってきた状況を打破する絶好の機会ととらえ、「ゆとり教育」に対するバッシングをすることで生徒集めにつなげるキャンペーンをはりました。

私は、ずっと私立学校で教師をしていますが、この時、多くの私立学校では「ゆとり教育」に追随せず、授業時間の削減もすることなく、大学受験をピラミッドの頂点とする学習の在り方をより強化する方向に舵が切られました。

「自分で課題を見つけ、自ら学び、自ら考え、主体的に判断し、行動し、よりよく問題を解決する」という方針に対して、知識を徹底的に教え込まれるという教育が展開されたのです。

残念ながら、「ゆとり教育」により、当時の有馬文相が懸念していた「きつきつの授業で画一的に教え込む」方向により進むこととなりました。

しかし、21世紀も十数年が過ぎ、教育を取り巻く外部環境の変化は、「ゆとり教育」導入時に議論されたように、大きなものになりました。そして、今後の社会に予想される激しい変化には、現状の教育では対応できないのではないかという議論が再燃しています。

さらに今、社会の求める人材と現行の教育で供給される人材とのかい離が、社会で大きく叫ばれるようになりました。

その結果、教育に力を入れる第2次安倍内閣が、この度の三位一体の教育改革を推進することになったのです。

日本が取り入れるべき海外の教育モデル

では、日本が新たに目指す三位一体の教育改革は、どうすれば進めることが出来るのでしょうか。

前章では、改革に必要な視点として、「正解のない『問い』」を授業で取り上げることを説明しましたが、「指示されたことを実行する」人間の育成を目標としてきた今までの日本の教育では、このような授業が行われてこなかったのは、明らかな事実です。つまり、先例がないのです。

ただし、手本がないかというと、そんなことは決してありません。「正解のない『問い』」を扱う授業は、海外では積極的に行われているのです。

ここからは、今回の改革において目指している教育の一部が実践されていると考えられるアメリカ、フィンランド、フランスの3か国を例に取り、どのように「正解のない『問い』」が組み込まれているのかを説明していきたいと思います。

【アメリカ合衆国】クリティカルシンキングの必要性

まずは、アメリカ合衆国です。アメリカといえばつい最近にも大統領選が行われたばかりですが、この国にとって「正解のない『問い』」とはすなわち、その大統領選のようなものが想定されます。

何故なら、アメリカは建国以来、「民主主義」を守ることにこだわり、国民が直接選挙で大統領を選ぶことが、その象徴的行為とされているからなのです。

大統領を民衆の手で直接選ぶことが、アメリカ社会でとても重要視されているということは、約1年近くに及ぶ大統領選の度に痛感されます。

大統領は、日本における首相よりも強大な権限を持っています。その人物を選ぶのですから、選択に失敗したら大きなリスクを背負うことになります。

国民一人ひとりが、「自らの考え」を持って自分たちの代表を選ぶ。自分たちで直接選んだからこそ大きな権限を与え、国の舵取りを任せられるのです。

人々は、大統領候補者の政治方針をスピーチや報道などから調べ、情報を収集しますが、情報発信は今やその道のプロが練りに練っており、どの候補の言うこともそれなりに説得力があります。それに対する誹謗中傷も含めて、多くの情報が飛び交う中から自分の考えを決めなければなりません。

この大統領選の例から、「自分の頭で考え、自分の意見を持つ」ことが、アメリカ社会では重視されていることがわかります。

そのために、教育の中でクリティカルシンキングが重要な力だと位置づけられるのも、よく理解できることではないでしょうか。

その特色が顕著に表れているのが、アメリカの教科書で次のような「問い」がよく取り扱われることです。

「もし、あなただったらどのような政治的決断をしますか」

歴史上の政治の責任者が下した決断を学ぶ度に、こういったクリティカルシンキングをトレーニングする「問い」が、頻繁に出されています。

知識を学んだ上で、知識を自分のことと置き換えて活用することが、求められるのです。

こういったトレーニングを積むことで、物事を鵜呑みにせずに、自分の頭で考えて判断する能力が養成されていくのです。

アメリカの教育でクリティカルシンキングに力が入れられているのは、アメリカから帰国子女としてやって来た生徒と接している時に、私自身実感させられました。授業における彼らは、聞いた話をそのまま呑み込むのではなく、自分の頭で考え、納得できなければ何らかの反応を示したものでした。

では、日本の教育と比較して考えてみます。先の選挙の例に立ち戻ってみましょう。日本でも選挙はもちろんあります。18歳選挙権も始まり、選挙の重要性は教育現場でも大きく取り上げられています。模擬選挙なども各学校で実施されており、自分の考えを持って投票をすることは、教育の場でも重視されるようになりました。

ただ、アメリカの教育と異なるところは、日本の場合は、どうしても模擬投票くらいの単発的なイベントでしか、クリティカルシンキングを学ぶ機会がないことなのです。日本の社会科の授業で、歴史上起こったことは、もちろん習います。しかし、「もしあなただったらどうするか」といった各自の意見を聞く「問い」が投げかけられることは、まずないと言っていいでしょう。

山川出版社の『詳説日本史』の冒頭の「日本史を学ぶにあたって」には以下のような記述があります。

「日本史の全体像が理解できるよう、なるべく詳しく記述しているので、その内容をよく消化すれば、日本史についての十分な知識が得られると思う。」

日本の社会の授業では、知識の習得に時間を取られてしまい、より細かい知識を習得することが求められることはあっても、その知識を活用することはあまり考えられてきませんでした。

「もしあなただったらどうするか」といった、アメリカの教科書には当たり前に出てくる「問い」は、残念ながら日本の教科書には登場しないのです。ですから言わずもがな、授業で扱われることもほぼありませんでした。各自が自分自身で歴史を学んだ上で考えればいいとされてきたのかもしれません。

選挙の時の決断を例にして、クリティカルシンキングのことを述べてきましたが、投票だけでなく、人生において自分の考えで決断しなくてはいけないことは、日々必要です。

変化の予想がつかない社会であるからこそ、責任を持って主体的に決断するためのクリティカルシンキングは生きる上で必要不可欠な能力であり、今後学校教育の中でトレーニングの場を増やしていくことは大変重要だと考えます。

【フィンランド】個の創造力を伸ばす教育

創造力――「今までにない〜を考えなさい」という「問い」に対して答えを出す力です。
フィンランドの教育においては、「正解のない『問い』」を解くにあたって、その創造力を求めます。

　では、何故フィンランドの教育は、創造力にこだわっているのでしょうか。

「森と湖の国」と言われるフィンランドは、自然環境には恵まれているものの天然資源に乏しく、一定レベルの経済基盤を保つためには、海外に輸出できる産業の育成が必要不可欠です。また、低賃金の労働者が多いわけでは決してないので、産業的には高付加価値な製品が必要となります。

　高付加価値な製品とは、一般的に言えば、独創性の高い製品であり、その製品を生み出すには、創造的な考えができる人材が必要となります。

　そのためフィンランドでは、個性を活かし、創造的な能力を育む教育に力を入れているのでしょう。

　それでは、教育の中で創造力を育むために、どのような試みをしているのでしょうか。

　二つの象徴的な授業があります。

　一つは、習得した知識を知識のままで終わらせずに、どのように活用するかをトレーニングする授業です。

授業で知識を習得した後、教室の外に出て、実際に得た知識の通りになっているのかを確認し、またそれが他のものとどのようにつながっているかを考える体験学習が展開されるのです。

例えば、生物の授業で植物の生態を学んだら、実際に野外でその植物を観察したり、他の植物の生態と比較したりします。

体験学習の後は、再び学校で、授業で学んだ植物の生態と野外で観察した他の植物の生態を比較して、同じ点と違う点を比較検討したりします。そうして体験を通して学んだことをフィードバックして深めていきます。この繰り返しで、知識が単に知識で終わることがなくなっていくのです。

授業で学ぶ、体験学習で深める、そしてそれを調べていく。この学習サイクルは、どの教科でも意識されています。知識活用のサイクルの中で、自分がこれまでに見聞きしたことをもとに考えを発展させる応用力、そして創造力がつくことを期待されているのです。

もう一つは、想像を誘う授業です。

例をあげるならば、教師が、「私たちの日常生活にはどのような機械があったらいいと思うか?」といった「正解のない『問い』」を生徒たちに与えます。生徒たちは、グループになってアイデアを出し合います。実は、このアイデアを出し合うところがとても重要で、他者との協働の中で想像をする力がトレーニングされます。

これらの授業に代表されるフィンランドの教育には、「知識の習得」から「知識の活用」へ転換を目指す、日本の教育改革のヒントが詰まっているものと考えられます。日本でフィンランドのような創造力を問う授業がまったく行われていなかったかと言えばそんなことはないでしょうが、いささか不十分だったと言わざるを得ません。

体験学習は、日本では総合的な学習の時間、いわゆる「総合学習」として「ゆとり教育」導入時から実践されています。

文部省は、2002年の「ゆとり教育」導入時、「変化の激しい社会に対応して、自ら課題を見付け、自ら学び、自ら考え、主体的に判断し、よりよく問題を解決する資質や能力を育てることなどをねらい」(文科省ホームページより)とし、その目玉として総合学習を導入したのです。

総合学習は、理念としては決して悪いものではないのですが、実施するには問題点が少なからずあります。内容的にもレベル的にも学校ごとの違いがあり過ぎることはもちろんのこと、制度的にも厳しい点がいくつかあります。

まずは、総合学習が他の教科とはきり離されていることです。理科で学んだことを総合学習で深めるといったことは、出来ないことはないのですが、総合学習の担当教師が理科専門であるとも限らず、難しさがあります。

それと、時間が足りないことです。授業を準備の段階から担当教師がすべて行わなければならず、特に教室を離れての内容ともなると事前準備の時間は相当必要となり、それだけの授業準備を担当者が常に行うことは、物理的に難しいのです。

総合学習は、創造力を伸ばす可能性を秘めている授業ですが、実際の運用は非常に難しいのです。

では、近年大流行しているアクティブ・ラーニング型授業はどうでしょうか。グループになってアイデアを出し合うような授業展開も行われており、他者との協働の中で創造力を鍛えることが出来そうではあります。

ただ、日本の教師は、「正解のない『問い』」に対して、生徒から出たアイデアをどのように扱っていいかを、自分の学生時代や教職課程の中でも学ぶ機会がありませんでした。

また、フィンランドと同様の授業に多くの時間を割くことは、現在の教育の在り方からして、繰り返しになりますが、制度的に困難なのです。定期テストや実力テストがある中、そして現行の大学入試制度の中では、このような授業に時間を多く割いていると授業の時間が足りなくなってしまうのです。

しかし逆に言えば、この度の教育改革こそ、フィンランドのような創造力を育てる授業を実践するための制度を整えるチャンスなのです。２０２０年以降の教育の在り方を考えた時、フィンランドの教育は一つの重要なモデルになります。

「日本の教育では創造力は育たない」

私が学生の頃から言われていました。世の中が大きく変わろうとしている今だからこそ、創造力を育む教育の重要性は増していると考えます。

【フランス】哲学の必要性

フランスの教育にとって、「正解のない『問い』」は、哲学、すなわち「生き方」そのものだと言って過言ではないでしょう。

何故かというと、哲学とは、根本原理を追求する学問だからです。

「自由・平等・友愛」を大事にするフランスでは、個々が人生に対して「自分の考え」を持つことが強く求められていると感じます。

哲学が教育において大変重視されていることがわかる例があります。

毎年6月にフランスでは、バカロレアと呼ばれる大学入学資格を手に入れるための国家的統一試験が実施されます。そのバカロレアの試験は5日間続くのですが、初日の受験科目は毎年、哲学と決まっています。どの専攻でも必須科目で、全員が必ず受験します。

その問題を一部紹介すると、

「自分の過去が自分を形成したのか？」
「芸術作品には常に意味があるのか？」
「個人の意識はそれが属する社会の反映でしかないのか？」
といったものです。複数ある中から選択した一つの問いに対して、4時間という試験時間で、A4の紙6～8ページに自分の考えを表現することが求められています。

この問題は、まさに「正解のない『問い』」そのものではないでしょうか。

フランスでは高校3年生の時、哲学は必修科目として学びますが、幼少の頃からも哲学を学ぶ機会は提供されています。

『ちいさな哲学者たち』（2010年）というフランスのドキュメンタリー映画があります。この映画は、幼稚園児向けの哲学の授業を記録しています。

映画の中で、「哲学って何？」という問いに、子供たちは「考えること」「話をすること」「意見を聞くこと」と次々に答えていました。

幼少の頃から、このように哲学的な問いに触れている子供たちは、その後の学校教育の中でも哲学との付き合いを続けていくことが想像できます。

それでは、日本ではどうでしょうか。

日本の教育では、一部の学校を除いて「哲学」の授業はありません。日本人に哲学的な思考が出来ないとは決して思いませんが、実学的ではないため科目としての採用は見送られてきたのではないかと考えます。

しかし、「正解のない『問い』」に対して、自分の考えを表現することが求められる2020年の授業には、哲学的な要素は必要不可欠であると言えます。

何故なら、前述した通り、「自分の考えを表現する」ことが、大きく求められるようになるからなのです。

イギリス人で哲学を教えている教師から聞いたことですが、欧米で最も重視される「問い」は、「WHO　ARE　YOU?」なのだそうです。

日本語で直訳すれば、「あなたは誰ですか」。この言葉は、ギリシアの格言、「汝自身を知れ」と同義だとも言えます。自問自答をうながす「問い」なのです。

この「問い」は、生きていく上で最も大事なことだと思います。

何故なら、「WHO　ARE　YOU?」に対する答えこそが、自分はどう生きてきたか、そしてこれからどう生きていくかという「自分の人生に対する考え」に他ならないからです。

まさに何かを決断する時の決め手になる自分のこだわり——「自分軸」を持つことが要求されている「問い」です。

この究極の「問い」に向き合って「自分軸」を持たなければ、「正解のない『問い』」に「答え」を出すことはできないと考えます。

物事の根本原理を突き詰めて考えることは、第二章で説明してきた「モヤ感」「クリティカルシンキング」「自分軸」の要素をすべて含んでいると思います。

哲学は特に、この3つの要素のうち「自分軸」を考えるのにかっこうの学びです。

日本の教育の中でも、「道徳」「学級活動」「特別活動」といった時間で、行動をする時に何にこだわるかを、生徒一人ひとりに考える習慣をつけさせるような取り組みをしていくことで、授業の中に哲学を取り入れることが出来ないわけではありません。

今後は哲学を通じて「正解のない『問い』」に接していく必要があるでしょう。

日本の社会、文化に根差した改革を

ここまで、日本で今後実施する三位一体の教育改革において取り入れるべき海外の教育のモデルをアメリカ合衆国、フィンランド、フランスを例に取り上げました。どの国の教育も、成り立ちはその国の社会、文化と密接に関係していることがおわかりいただけたと思います。

ですから、海外の教育がよくて日本の教育が悪いということではないのです。もっと言うのならば、教育に優劣はありません。

それでは、日本はどのように海外の教育を評価し、取り入れればいいのでしょうか。

今回の教育改革は、急速なグローバル化がその背景にあることは前述した通りです。グローバル化するということは当然異質性の文化を取り入れなければなりません。

一方日本は、島国であり単一民族であることから、同質性が高い社会と言えます。

この同質性の高さが、日本の教育に大きな影響を与えてきたと考えられます。

具体的にはどういうことかというと、例えば日本の学校では、教室において、お互いに気を使い合い、その場の空気を読み合って、多様な考え方の尖った部分をそぎ落としながら意見をまとめていく様子がよく見られます。話し合って、お互いの立場を理解できれば、意見が一つにまとまるのは当然であるといった感覚があるのです。

このような教室の様子は、同質性の高さから生まれてきていると感じます。一人ひとりの考えは、そんなには違わないという感覚がこの状況を作っているのではないでしょうか。

海外で行われている教育の話を聞き、実際にその現場に足を運んでみて感じることは、異質性が前提にあることです。

肌の色・目の色が違う人、文化も宗教も違う人が同じ教室に存在しています。まさに異質性の集団です。意見が異なることは当然であり、それを無理に一つにまとめるのは困難なことだと感じます。つまり、そこには、日本にはない別の協働の形があるのです。

もちろん、日本の社会、文化に根差した教育を残すことも大切なのですが、海外の教育の中に教育改革のヒントを見つける作業も必要になるでしょう。

そこで、海外の教育にすでに取り入れられている考え方や方針について、日本に取り入れるべきポイントを3つ紹介します。

○言語の特性と主張の仕方の違い

「日本語が一番AIと折り合いが悪い」

AIの専門家である、公立はこだて未来大学の中島秀之教授からこの話を聞いてなるほど、と思いました。その教授によれば、何故折り合いが悪いかというと、日本語の会話には主語がないケースが多く、またはっきりと主張を述べていないことが多いので、フォーマットとして覚えることが難しいのです。

ただ、これは日本語を悪く言っているわけでは決してなく、表現をおさえながら対話の中で相手との距離を詰めていく側面が、他の言語と比べて強いというだけのことです。これは、対話の相手を気づかう日本人の気質が表れたものなのでしょう。

一方、英語は、その成り立ちに異質性が影響しているかどうかはわかりませんが、日本語の主張の伝え方とは180度異なる言語です。

「I think ～ because ～」

英語で自分の考えを主張する時のフォーマットです。英語には必ず主語があり、その後に動詞が来ます。日本語に直せば「私、思う、何故なら～」です。つまり英語では、自分の考えをまず述べて、その後に理由を述べるのです。

日本語では、動詞は最後に来ます。つまり主張を述べるのは、最後です。

日本語と英語の主張の述べ方の違いは、対話に対する考え方の違いを象徴していると言えます。

英語を使う人たちは、お互いが異質であることは当然であると考えます。異質な相手にわかってもらうために、まず自分の考えをはっきりと理由も加えて述べます。

英語では主張することは大事と考えられていて、そのトレーニングが学校教育に含まれています。

トレーニングでは、「because」の後の理由を3点、ロジカルに述べることを徹底します。フォーマットが重視されているのです。

日本では、教育現場でこのようなトレーニングはあまりされていません（近年、ビジネスの現場ではこのフォーマットのトレーニングはされています）。

今までの日本では、各個人の主張の中身さえよければ評価されてきた感じがしますが、教育改革で生徒に「自分の考えを表現する力」を求める以上、自分の考えていることを表現するためのトレーニングもしなければならないでしょう。

今後はグローバル化の中で、相手を思いやる側面が強い日本語的表現のいい点と、主張をはっきりとする英語的表現のいい点をともに学ぶ必要があるのではないでしょうか。

○クリティカルシンキングの有無

クリティカルシンキングは、最近の教育現場でもその言葉を聞くようになってきたと感じますが、現場の教師からはあまり好意的に受け止められていないように思います。また、正しくその意味を理解していない人も多いようです。

日本語には、実は「クリティカル」の適切な訳語がないと言われています。一般的には「批判的」と訳されますが、「批判」と「クリティカル」は、ニュアンスがまったく異なります。

日本語の「批判」は、誤っていることを正すべき、といった否定的なイメージのある言葉です。

ですので、教師からすると、生徒がクリティカルシンキングの能力を持つことは、自分自身のことを批判されるかもしれない可能性を示しており、危機感を抱くのです。

では何故教師が危機感を感じるのかといえば、日本の教育に儒教の影響が色濃く出ているからでしょう。

これは、江戸時代の日本で儒教が重んじられたからです。目上の人から言われたことは、受け止めることが大事で、疑うということは、よしとされなかったのでしょう。

しかし、2020年以降の世界を生きていく上では、「クリティカルシンキング」を身につけるべきだと思います。

ここまで述べてきたように、目まぐるしく変化する今後の社会では、今までの常識ではついていけないようなことに遭遇するのは間違いありません。

現在常識とされていることも、「本当にそうなのか」「もっと違う考え方はないのか」と疑ってみるために、クリティカルシンキングは、今以上に大事な力となるはずです。

「クリティカル」は、欧米ではどちらかと言えば、肯定的なイメージの言葉です。「こうだ」と言われているものを疑ってみて、「実は〜かも」といった仮説を立て検証をするというサイクルを繰り返す中で、新たな発見があり、今までとは異なる視点が出てくることがあるのです。

クリエイティブな思考は、クリティカルシンキングを通じて生まれるというのが、欧米では当然の理解です。無から有を創造するよりも、有の組み合わせ、考え方の違いによって生まれるものがクリエイティブだということです。

生徒たちがクリエイティブな思考力を身につけるためにも、日本の教育現場は、クリティカルシンキングを積極的に導入した方がいいと考えます。

○協働性の解釈の違い

文科省が設定する学力の3要素にもある「協働性」ですが、私は、議論をする場に多様な意見があったにしても「最適な答え」を出すことを、「協働性」と考えています。

海外の社会の多くは、異質性を前提として成り立っているということは、前述した通りです。

欧米の教育関係者に聞くと、授業の評価において、「CLASS PARTICIPATION」という項目があり、大変重視されているとのことです。内容としては、授業における積極性を見る項目です。積極性は、発言の有無が問われます。他者の発表の時などに意見をすることは、とても大事なこととされます。そして、その発表に対してYESと言うよりはNOという発言をする方が重視されます。何故なら、YESという立場では議論がそこで終わってしまうからです。そのため、あえてNOという立場から発言をすることもあるのです。

日本は同質性の高い国ですから、どうしても周囲を見て、空気をよく読んでから自分の考えを控えめに主張することが多いと思います。

何かの交渉をする時のスタイルを思い浮かべるとわかりやすいでしょう。

海外では、最初は無茶とも言える要求をお互いに出し合います。そして激論を交わしながら最後は交渉をまとめていく。

日本では、あまり無茶な要求を最初から突きつけることをせず、お互いの腹のうちを探り、時に根回しもしながら、結論をまとめていく。

これと似た光景は、外交上の交渉でよく見られます。多くの国は、当初は無謀とも言える要求を出してくる傾向が強いと感じます。一方、日本はある程度最終案に近い案ではじめから交渉をまとめようとする傾向が強いのではないでしょうか。

外交上の交渉は、締め切り直前にならないと決まらないことが多々あり、多くの国は最後の最後になって落としどころを探って、急に現実案に持っていくことが起こりがちです。

「協働性」と一口に言っても様々な形が存在しますが、多様な人々とともに課題に取り組まねばならない2020年以降の日本では、海外同様、異質性を前提とした積極的な意見交換が必要となるでしょう。そうして、教育改革において目標としている「課題解決に協働できる力」は身についていくのです。


言語の特性と主張の仕方、クリティカルシンキング、協働性といった3つの視点から日本と海外の違いを考えてきました。

日本の教育は、日本の社会、文化に強く根差して成り立っており、日本人同士が協力し合って暮らしていくことが重視されてきたと、改めて感じます。

しかし、今後の社会の大きな変革やグローバル化の中では、このままの日本の教育では通用しなくなるのは間違いないことが、実感されたのではないでしょうか。

マニュアル不足は問題ではない

ここまで、海外の教育の例や考え方を紹介してきましたが、私は、日本の教育、海外の教育の「いいとこどり」をしていけばいいと考えています。

もちろん、それはいきなりやれと言われてできるほど簡単なことではありませんが、海外のモデルを参考に段階的に変えていくことは可能と考えます。すると、第二章の終わりに指摘した「改革にあたってのマニュアルがない」という問題は、さほど大きくないことに気がつきます。

では、何が教育改革を難しくしているのか――。

実は、それは日本の教師のメンタリティなのです。

第四章

教師の精神性こそが弊害となる

改革を実行する上での問題点

２０２０年型教育を実施する上での問題点は、マニュアルが乏しいことや先例がないことではなく、教師のメンタリティである――そう述べはしましたが、誤解しないで欲しいのは、日本の教師がやる気に欠けているわけではないということです。むしろ多くの教師が、大変熱心に教育に取り組んでいます。

しかし、実は、その熱心に取り組んでいる教師のメンタリティにこそ、問題があるのです。

具体的には、次の３つの問題点があるものと考えられます。

・教師なのに主役感を持ってしまう
・生徒の「モヤ感」を許容できない
・知的好奇心を忘れている

教師なのに主役感を持ってしまう

まず、教師が「主役感」を持つとはどういうことか、説明します。

例えば、次のような話を職員室でする教師が、少なからず、どの学校でも数人は、存在します（教師であれば、これは○○先生のことだな、と必ず思い当たるでしょう）。

「自分が担任した学年で○○大学に何人合格させた」

「自分が指導した○年度のチームを○○大会で優勝させた」

生徒たちが、何かにおいて素晴らしい結果を残すのは、教師としてもとても嬉しいことです。嬉しくてそれを周囲に語ること自体はまったく問題ありません。

問題なのは、「自分が～させた」という感覚なのです。

職員室において見られるこの光景は、外部の人にはなかなか想像しにくいことでしょう。しかし教師にしてみれば、これは最早「あるある」ネタなのです。

さらに厄介なことに、このように「主役感」を持っている教師は、生徒から見れば、実績があってカリスマ性もある「いい教師」とされていることが多々あります。「あの先生についていけば大丈夫」との信頼感が厚く、一部の生徒からとても人気があるからです。

このタイプの教師は、指示を徹底するのが特徴です。明確な「目標」を設定し、それを達成するために逆算し、何をしたらいいのかを、今までの経験則から生徒たちに指示をするのです。

その指示は必ずしも的確とは言えないのですが、それ以前の成功体験に基づいた指示なので、それなりの説得力はあります。

それから、集団に影響を及ぼしやすい生徒を見つけることがとても上手です。そして指示を出す時はまず、その生徒が守れそうな指示を出します。

指示を最初に受けた生徒は、指示を守り目標達成に近づきます。それを見た他の生徒は、指示を守れば目標に近づくと考え、最初に指示を受けた生徒の後についていこうとします。そして、次第に全体がその指示を守って目標を達成しようとするのです。

その結果、指示をされたことを実行し、また指示を待つ、この繰り返しのサイクルが教師と生徒の間に生まれていくのです。

「そういう教師の何が問題なのか」という考えを持つ方もいるかもしれません。

確かに、今まではそれでよかったかもしれません。知識の習得が第一義であったこれまでの教育では、生徒が無駄に回り道をすることなく、最短距離で「正解」にたどり着くように指示し続けることができるからです。

ただ問題は、生徒たちが自分で考えなくても「正解」にたどり着くことができることです。

教師の指示がないと何も考えない――そんな生徒が将来、社会に出て行ったらどうなるでしょう。誰かにやるべきことを与えられないと何もできない、いわゆる「指示待ち人間」と呼ばれる人たちは、このような教育があったから生まれたのではないでしょうか。

「正解のない『問い』」と向き合わなければならない2020年以降の教育の場合は、最短距離で生徒が「答え」を出すような方法はないのです。生徒一人ひとりが、自分で考えて答えを出していくしかありません。

また、教師にしてみても、正解が一つではなくなることで、本来は指示を出すことが出来なくなるはずなのです。にもかかわらず、いまだに「主役感」を捨てきれていない教師は、近々、出番を失うことになるでしょう。

本書では所々で、生徒が「主体的」に学ぶことの重要性を指摘してきましたが、「指示する、指示を待つ」の関係性が教師と生徒の間に結果的に構築されてしまえば、それは、「主体的」に学ぶことの妨げにしかならないのです。

そういえば、２０２０年の教育改革に反対している教師の中に、「主役感」の強い人が大勢見受けられる気がするのは、私だけなのでしょうか……。

さて、「主役感」を持つことにはもう一つ問題があります。教師が「主役感」を持つと、生徒に結果を強く求めるようになることです。

生徒が結果を出すことで、教師自身が周囲に認められたいと思ってしまうのです。ですから、職場で生徒の出した結果を自己アピールするようになります。

生徒が結果を出すこと自体が教師の目的になってしまうと、生徒が途中過程で悩んだり、失敗したりすることは、無駄なことととらえてしまいがちです。

第二章で取り上げた「モヤ感」「クリティカルシンキング」「自分軸」は、生徒が主体的に物事に取り組む過程で生まれるものであり、「主役感」のある教師のもとでは生まれません。

教師の「主役感」は、生徒の多くの可能性を奪うものでしかないのです。

生徒の「モヤ感」を許容できない

次に考えたい問題点は、生徒の「モヤ感」を許容できない教師が多いことです。

私の長年の教育現場の経験上、大半の教師は、授業が終わった後、生徒が「よくわかった」という顔をしていることが喜びなのです。それがある意味、教師の達成感なのです。

生徒が「問い」を「モヤ感」で持ち帰る時などは、時として授業が終わった後に、不満な表情を浮かべていたりします。

「この授業で○○のことがわかるようになりました」

「○○先生の授業がわかりやすくて助かりました」

このような声が生徒から聞こえた方が、教師は嬉しいでしょうし、「うまく教えられた」という満足感を得られるかもしれません。しかし、本当にそれがいいことなのでしょうか。

具体的な例を用いて考えてみましょう。例えば、温暖化の問題に関する授業です。

「温暖化のメカニズム」

「今考えられている各国の温暖化対策」

「温暖化対策に関する各国の主張の違い」

このような知識の習得をメインとする部分は、なるべく教師の説明がわかりやすい方がいいでしょう。ただ、授業が知識を教えられるだけで終わると、生徒はただ「なるほど」くらいにしか思わずに、温暖化についての新知識を覚えるのみで終わりになってしまうのです。

では、知識を学ばせた上で、

「あなたが世界の温暖化対策の責任者だったら、どのようにこの問題を解決しますか」

というような、「正解のない『問い』」を生徒に投げかけると、どうなるでしょう。

生徒たちは、それまでに得た知識をもとに、問いについて考えます。

この時の教師の対応が、ポイントです。

今までは、ある程度は考える時間は与える、しかし授業が終わる時間から逆算し、「自分だったらこうする」といった答えの例を最後には提示する――そのような授業をする教師が、スッキリと授業を終えられるいい教師とされてきたと思います。

しかし、この対応に私は反対です。

その時の教師の「答え」が、「なるほど」というものであるならば、それ以上の答えはないだろうと判断して、大体の生徒はそこで思考を止めてしまうでしょう。

それが、最も問題なのです。

また生徒は、いつも教師が最後は「答え」を言ってくれることを期待し、モヤ感の世界に没入しなくなってしまいます。

「あなただったらどうするか」という問いに対して、生徒が「モヤ感」を持つのであれば、そのまま放っておけばいいのです。授業がそのまま終わってしまうとするならば、まったくスッキリしない状態でしょう。しかし、この「問い」は確実に生徒の中には残るはずです。

さて、ここで懸念されるのは、授業の中で生徒が「先生ならどう考えますか」と質問してきた時の対応です。私は、そういった質問には答えてはいけないと考えます。あくまで生徒には、「問い」を与えることが重要なのです。

具体的な対話例を見てみます。

（生徒）「私が担当だったとしたら、二酸化炭素削減の目標を国ごとに一律に決めることを提案します」
（教師）「何故一律にするのかな」
（生徒）「一律は平等だからです」
（教師）「今までエネルギーを多く使ってきた国とそうでない国も一律なのかな」
（生徒）「……」
（教師）「守らない国にはどうするのかな」

（生徒）「経済制裁をします」
（教師）「それでも守らない国はどうするのかな」
（生徒）「……」

ここで教師が、問い続けることに耐えきれずに何か私的な意見を言えば、生徒の思考は往々にして止まってしまいます。

大切なのは、「問い」を持ち帰ることです。

授業の終わった後に、「モヤ感」を持ったことに関して、もっと調べてみようとか、考えてみようとか、友達と話し合ってみようといった気持ちになることこそが重要なのです。

これこそが、2020年以降の授業の在り方です。

生徒がスッキリしないで授業が終われば、時として教師の存在価値は忘れられてしまうこともあるかもしれません。しかしそれでいいのです。生徒にとって大事なのは「問い」に向き合うこと。そして、その「問い」を考えるのは教師なのですから。

「モヤ感」を生徒が持つことを可能にするのは、教師がそれを許容するかどうか、そしてどのように対応するかにかかっているのです。

知的好奇心を忘れている

教師にとって最も重要な仕事は何でしょうか。

「部活動」「特別活動」「人間教育」などなど、様々な答えが返ってくると思いますが、私は「授業」であると考えます。

何故なら、教師は本来、教科を教える特別な技量があるということで教員免許を取得しているからです。

では教師は、最も重要な仕事である「授業」を実施する上で、どのようなことにこだわっているのでしょうか。

いわゆる「いい先生」と呼ばれたい教師は、長年教育現場を見ていて感じることですが、「『わかりやすく、楽しい』授業をしたい」と思っているようです。

「わかりやすく、楽しい」授業にするために、教師は、程度の差はありますが、教材研究をします。教材研究とは、授業の準備をすることです。

具体的に、どのようなことをしているのでしょうか。

授業の内容を事前に下調べをし、頭の中で組み立て、板書する項目を考えて授業ノートを作成します。教科書だけではなく、副教材をどのタイミングで使うかも考えます。内容を理解するために教科書・副教材で足りなければ、補助プリントも作成します。近年では電子黒板やタブレットも導入されているので、その活用も考えて準備をすることもあります。

その他、教科によってはプラスアルファの準備も必要になります。

その上で、授業の内容を生徒にわかりやすくするために、どのタイミングでどのような問いかけをするかも考えます。クラスによって誰が反応するかを予想しながら考えることもあるのです。

教師によっては、雑談のネタを仕入れたりもするでしょう。

たった一回の授業にこれだけの労力をかけてのぞむ教師が多いのは事実です。

しかし、この「わかりやすく、楽しい」授業にするために、いつの間にか教師が忘れてしまうことがあります。

それが、「知的好奇心」です。

中学校・高校の教員免許は、教科ごとに取得されます。教師は教科の専門家なのですから、もっと自分の専門教科について造詣を深め、また、新しい知識についても常に勉強をしているべきではないでしょうか。

というのも、教師が自分の専門教科を教える上では、インプットとアウトプット、ともに重視する必要があるからです。

前述したような授業とそれに伴う教材研究は、自分の持っている知識をどのように伝達するかを考える作業ですから、アウトプットにあたります。アウトプットについては、現在の教師はかなりのレベルでこなせているのではないかと思います。

しかし、インプットはどうでしょうか。

様々な理由があるとは思いますが、正直、インプットの作業は現在の大半の教師にとって足りていないのではないかと思います。現場にいると、「最近全然本を読んでいない」という教師の声もよく耳にします。

専門家なのに、専門分野を深めることを後回しにしている教師が多いのではないかと感じます。

その理由を考えてみます。

今までの大学入試を意識した授業からすると、教師がアウトプットさえうまく出来れば、生徒はそれを知識として覚えることで、結果的に望ましい結果を得られたのではないでしょうか。

教科書に載っていないことや雑学を教えるくらいなら、「ここまで理解して覚えておけば大丈夫」と入試を意識して内容を整理した方が、授業としては模範的だとされてきたのです。

「大学入試には関係ないけど、本当は～なこともある」という、教師個人のインプットに基づく引き出しの豊富さは、残念ながらあまり意味がないものとされてきたとも感じます。

もう一つ、教師がインプットにあまり時間を割かない、というより割けないという理由もあります。現在の教師は多忙過ぎるからです。学級運営、部活動、書類作成、会議等々……インプットの重要性は、教師もわかってはいるものの、現実的には、優先順位を下げてしまっているのでしょう。

しかしこれからは、アウトプットに特化しているだけでは目指すべき教育を実行することはできません。教師の豊富なインプットの量こそが、生徒に投げかけるべき「問い」を多様にするからです。そんな積極的なインプット作業には、知的好奇心が欠かせません。

教師には、自分自身が知的好奇心を持つことの重要性を、今一度考え直して欲しいと思います。

教師は「指導者」ではない

以上のような教師のメンタリティが、どうも、教師をさながら「指導者」のようにしてしまっている気がします。

指導者とは、文字通り「指して導く」者という意味であり、ゴールとなる結果を「指し」示し、そこに人を「導く」ことが役割です。

スポーツで言えば、結果とは、大会での勝利です。指導者たる監督やコーチにとっては、チームを勝利に導くことが最も大きな役割だと思います。

学習で言えば、受験での志望校合格がわかりやすいでしょう。塾や予備校の講師にとっては、まさに合格に導くことが最も大きな役割です。

「教師も似たようなものでは？」と思う方もいるかもしれませんが、教師の役割は、本来結果が求められるものではありません。それは、あくまでも社会に出ていく前の生徒たちに対して、「先に生きている」者として、学びの場を提供することだと思います。

教師と指導者は性質が明らかに異なります。にもかかわらず、両者を同一化する考えが、教育現場の中からも外からも出てきているのです。

保護者が教師に求める役割の変化

まず、教師は「よき指導者」であって欲しいという保護者の願望があります。

第三章で日本の教育の変遷を簡単にまとめましたが、バブル崩壊の前後で保護者の意識も大きく変化したと感じています。

バブル崩壊前の時代、多くの保護者は、大きく3つのことを教えて欲しいと教師に要求していました。すなわち、次の通りです。

・物事の善悪
・努力や忍耐
・勉強

この3点をしっかりと教えてくれれば、子供は自然と育つという理解だったのでしょう。常識や社会性の部分をしつけてもらうことが、教師に対する要望でした。

受験やクラブ活動の結果を教師に求める気は、内心あったかもしれませんが、実際に言葉として要求してくるような保護者は、ほとんどいなかったものです。

しかし、バブル崩壊以降、学校現場に突きつけられる要求は、次第に大きなものになってきたと感じています。今日では、受験やクラブ活動の結果が教師に求められることは、普通の光景になってきています。

何故、バブル崩壊の前後でこのような変化が起きたのでしょうか。

バブル崩壊前は、日本経済も多少変動はあったにせよ右肩上がりで、「今日より明日の方がよくなる」といった神話的な空気があふれていました。そのため、今よりも結果に関しては鷹揚《おうよう》だったような気がします。

「先生におまかせしています」

「悪いのはうちの子ですから」

「悪いことをした時は怒ってください」

大概の保護者からは、このような言葉しか聞いたことがありませんでした。

それが、バブル崩壊後は、保護者もリストラや倒産といった危機と隣り合わせとなっていきました。私は、特に私学に勤務していたので、保護者から次のような結果を求める声を聞くようになりました。

「高い金を出しているのだから、なんとか志望校に合格させて欲しい」

保護者自身も社会の中で結果を求められることが以前より増したせいか、このような要望が多く聞かれるようになったのです。

そのため教師の側でも、進学などの目標を掲げて、そこへと生徒を導くことを第一義とするような風潮が生まれたのだと思われます。

学校から教師への要請

また、学校内部の変化も大きく影響していると思います。

第三章で「ゆとり教育」導入の時の、教育機関の動きについて述べましたが、私自身、この時の教育の変化はよく覚えています。

「ゆとり教育」が導入されようとしていた頃、多くの私立学校では、生徒集めのことを考えずに教育を続けていくことが、困難な状況でした。かつては、極端に言えば黙っていても人が来る状況でしたが、大学進学やスポーツなどの実績がない学校は、生徒を集められなくなっていたのです。

生徒集めをするために、私立学校は他校との違いを明確に打ち出すことが必要となりました。大学進学やスポーツの目標を大きく掲げ、それを実現する教育内容を前面に打ち出すような施策が取られていきます。

進学実績を強く前面に打ち出すために、予備校的な教育も導入されるようになりました。学習支援や校内予備校といった名称で、放課後の学習サポートを、教師だけではなく外部の講師や大学生チューターを活用することで実施するのです。

学級編成にも、「特別進学コース」、「難関大学進学コース」、「医学部進学コース」といった名称が使われることが、だんだんと当たり前になっていったものです。

その結果、進学実績を追求する動きは、私立学校だけでなく公立高校にも大きく影響していきます。

例えば東京には、公立高校の中に「進学指導重点校」というものがあります。東京都教育委員会のホームページを見ると、次のような進学指導重点校の基準が示されています。

【基準1】センター試験結果（現役）
①5教科7科目で受験する者の在籍者に占める割合が、おおむね6割以上
②難関国立大学等に合格可能な得点水準（おおむね8割）以上の者の受験生に占める割合が、おおむね1割以上
【基準2】難関国立大学等　現役合格者数　15人

東京には、進学指導重点校のほか、進学指導特別推進校、進学指導推進校もあり、都の教育委員会が指定をするのです。

また、私立学校に対抗して、公立中高一貫校も複数誕生しており、そこでは私学なみに進学を重視した教育がなされています。

公立高校もかねてから序列があり、進学実績もある程度それに即したものがありましたが、ここまで明確に結果を重視するようになったのは驚きと言えます。

こうして、進学実績を重視する考え方が現場にも影響し、多くの教師は学校からも指導者であることを求められていったのです。

指導者になりたがってはいけない

決して誤解しないでいただきたいのは、生徒が進学や部活動の大会に向けて頑張っていることに、教師が関わってはいけないのではありません。

授業やクラブ活動に教師が関わるのは、大事なことだと思います。しかし、注意しなければならないのは、生徒が結果を求めて頑張ることは、生徒自身にとって大事なことであり、教師はあくまでもサポート役でしかないことなのです。

学校現場でよくあるケースは、いつの間にか、教師の方が進学や大会の目標を掲げて、その達成を生徒に促そうとすることです。

「教師なのに主役感を持ってしまう」の項でも取り上げましたが、「自分が〜させた」と公言する教師は、悪く言うならば、生徒を使って自己実現を図ろうとしているのです。

自分自身の達成感のために結果を追求するようになると、生徒が回り道をしたり、失敗したりすることのリスクを回避するため、教師がすべて綿密に計画を立てて、その実行を生徒に強く迫っていくことがあります。

このことを進学にあてはめてみると、授業で教わったことに関して、悩み考えて「モヤ感」を持つのはムダなこととされてしまうのです。下手をすると社会に出てから役に立つかもしれないことを生徒が考えることよりも、大学入試だけでしか役に立たない知識を覚えることを強要する結果になってしまうのです。

生徒のゴールは学校生活にはない

この章では、2020年型教育を実施する上での問題点である教師のメンタリティについて述べてきました。

最後に、メンタリティに問題がある教師ほど忘れてはいけないことをあげておきます。それは、生徒にとって学校生活は人生の一部でしかない、ということです。

決して、ゴールは学校生活にあるわけではないのです。

生徒は学校を出た後に、社会に出ていきます。そのための準備を学校生活の中で行っているのです。学校で教わったことは、その後の人生で役に立つことであるべきです。

今までの教育は、学校にいる間だけ役に立つことが、多かったのではないでしょうか。

今後は、移り変わりの激しい社会を生きていく生徒たちにとって真に必要なものは何か、という問いに、教師は立ち向かうべきです。

第五章

教師の役割はもう「教えること」ではない

教師こそワークライフバランスを

前章では、教師の役割が指導者のそれと同様のものになってしまっている事実について指摘しました。

さながら指導者のように、生徒が目指すべき方向へとことん導こうとすれば、当たり前のことですが、多くの時間を仕事に割かなければいけなくなります。

そんな教師の働きぶりは、次のようなイメージです。

朝早く出勤して、一日の準備をします。部活を担当していれば朝練を行うことも。担任するクラスの学活を行った後、授業があります。授業の合い間には、保護者との連絡や提出物のチェック。終わりの学活が終わって掃除の指導。部活動や生徒面談。気がつくと日が暮れています。その後に、翌日の教材研究や各種会議、書類作成などに追われます。行事が近づけば、その準備もしなくてはいけません。部活の顧問であれば、週末も練習や試合で休日出勤をする時もあります。

これだけ忙しくても、「生徒のために」と思うと、「もっと何かできることはないか」と考えるのが教師の性《さが》なのです。となると、プライベートな時間は、限りなく少なくなっていきます。

必要なこととは思っているものの、本を読んだり、違う業種の人と話をしたり、趣味の時間に時間をかけたり、といった時間が限りなくゼロに近くなっていくのです。

教師になって年数がたてばたつほど、教師の生活は、ほとんど仕事関係のことばかりになってしまい、社会の動きに疎くなりがちです。

生徒たちが学校にいるのは、社会に出ていく前の、人生における一時期でしかありません。将来、社会で生きていくための準備期間が、学校生活であると言ってもいいでしょう。第四章の最後でも指摘した通り、学校生活は、人生の途中過程でしかなく、完結する場ではないのです。

ゆえに、そんな生徒たちに接する上で教師は、ワークライフバランスのワークの効率化をもっと図り、社会の変化を感じる感性が働くだけの心身の余裕を持つ必要があります。

ただし、ワークの効率化を図るためには、今世間でも問題になっている部活動の在り方、会議や書類仕事の量などについて検討しなければなりません。これは、教師だけで効率化を図るのも難しいので、学校という組織そのものが体制を整える必要があります。

そして、教師は自分自身がライフを大いに楽しむことが必要です。仕事以外に自己投資をする時間があれば、社会に対するアンテナも高くなるのではないでしょうか。

そのためには、仕事に対する考え方を根本的なところから考え直す必要があります。作業効率を高めて過重な労働から自らを解放し、ワークライフバランスに取り組むべきです。

その結果、捻出された時間を使って、前章で述べた教科の専門性を高めるインプットや、自分の内面を高める次のような「問い」と向き合う余裕を持って欲しいと思います。

「将来の社会は、どのようになっていくのか」

「教師自身も一人の人間として何にこだわっていくのか」

「そのこだわりのためには何を学べばいいのか」

教師がこういった「問い」と向き合って自己研さんを積むことは、結果的に教師自身が「正解のない『問い』」に向き合う力をつけることにつながります。教師が思い悩んだ過程は、生徒に「正解のない『問い』」を出した時に大いに生きてくるのです。

前章で、温暖化の問題に関する「正解のない『問い』」――「あなたが世界の温暖化対策の責任者だったら、どのようにこの問題を解決しますか」――を授業で取り上げた時の、教師と生徒の対話例を思い出してください。

この「問い」について、生徒が「先生だったらどう考えますか」と質問してきた時、教師は答えるのではなく、「問い」で返すことが重要であると述べました。

教師の温暖化についてのインプットが多ければ多いほど、そしてそのインプットに基づき普段から教師自身が様々な「問い」を立て「モヤ感」を持っているほど、生徒の反応に対して、ごく自然に「問い」を返すことができるのです。

このように、教師が、ワークライフバランスを取っていくことは、結果的には生徒たちの知的好奇心を引き出すことにつながるのではないでしょうか。

理想の教師像は「プロデューサー」

教師に求められる役割、仕事の内容は変わりつつあります。それとともに、教師と生徒の関係性も変わるべきでしょう。

それは、変化が予想できない社会だからこそ、求められることだと思います。

というのも、社会が今の延長線上で進化していくと思われている時であれば、「努力」して頑張って、今以上の点数を取って序列の中で「よりよい」順位を獲得していけば、何か見返りがあるという考え方が成り立つと思います。

「よりよい成績」「よりよい高校への進学」「よりよい大学への進学」「よりよい就職」「よりよい暮らし」というように——。

しかし、変化が予想できない社会では、価値観がどう変化していくのかはわかりません。相対的な序列が意味をなさなくなることも十分に考えられます。

「正解のない『問い』」に対しては、他人よりもいい答えを出すことが大事なのではありません。自分にとっての最適解を見つけていくことが求められるのです。

ゆえに、相対から絶対に、教師が生徒のことをとらえる軸を変えることが大事になるのです。

今後の教育の中では、個々の生徒に対し「どう力を育てていけばいいのか」を考えることが、教師には求められるのです。

その際必要となるのが、関係性の構築です。今までの教師と生徒は、上下の関係だったと思いますが、これからは互いを高め合う関係こそ望ましいのではと思います。

これまで何故教師と生徒が上下の関係だったかといえば、教師は「教える者」、生徒は「教わる者」という一方向的な学びが、秩序として確立していたからです。しかし、「正解のない『問い』」を扱うこれからの教育においては、教師が生徒に教えられる「答え」はありません。「教える」「教わる」の関係はそこにはないのです。

教師は、生徒に対し「正解のない『問い』」を投げかける。生徒は、「正解のない『問い』」について、教師や他の生徒と関わり合いながら考える。

教師と生徒のこのやり取りに、立場の上下がないことは明らかでしょう。だからこそ、高め合う関係が一番自然なのです。

さて、ここで考えたいのが、高め合う関係における教師の役割は何か、ということです。

生徒が突き詰めて考えたくなる「正解のない『問い』」を選ぶことであり、生徒の反応に応じてより深く考えられるような「問い」を返すことであり、生徒同士活発に意見を出し合える場を創り出すこと……。

一言で表すのであれば、今後の教師に求められるのは、プロデューサーのような役割です。

プロデューサーは、「produce」という「制作」を意味する英語の動詞から出来た和製の英語です。一般的な定義には、制作全体を統括する職務を言います。

私の考えるプロデューサーのイメージは、人々の能力をうまく引き出すことに長けている人です。

最近、アップルなど外資系企業の方と打ち合わせをする機会で、感じることがあります。打ち合わせをする人自身が提案そのものを主体的に出し、打ち合わせで決まったことも責任を持って実現しようとする姿勢が、強くなっているのではないかということです。

今までの感覚ですと、企業といえば、会社や上司の意向が重要視されており、打ち合わせをする人がトップではない限り、会社からの提案を持ってくるだけ。話し合った内容も持ち帰って上司と相談してからでなければ先に進まない、といったことが多かったと思います。

このように、近年の企業の組織の在り方も変化していると感じます。従来はトップダウン型だったと思いますが、近年ネットワーク型という従来あまり見られなかった企業の在り方が出現していることを感じます。

ネットワーク型企業では、上司と部下が管理する人、される人という上下の関係性ではありません。それぞれの役割の違いを受け止めて、ともにミッション遂行を目指す同士として、フラットな関係にある組織が増えてきたような気がします。

ネットワーク型企業では、誰かの考えに流されるのではなく、上司も部下も一人ひとりが、「私は〜と考える」という意見を持つことが求められていると感じます。上司の役目は、最終的にグループの中での最適解を採用することではないかと思います。

プロデューサーも同様に、上位下達ではなく、制作に関わるすべての人と一緒に何かを創り上げようとしている感じがするのです。

「2020年の理想の教師像は、『プロデューサー』である」、という私の考え方の真意は、「人の能力をうまく引き出す」ということが、教師にも求められていくのではないか、ということにあるのです。

さて、教師の仕事に置き換えてみた時、生徒をプロデュースするには、次の3つの要件が必要だと思います。

・マインドとして、「**生徒とともに高め合う関係性**」
・教科の専門家として、「**正解のない『問い』を出せる力**」
・生き方として、「**アクティブラーナー**」

この3つの要件を持って、生徒の学びの場を総合的に演出することが、私の考えるプロデューサーとしての教師なのです。

それではその内容を説明していきましょう。

○生徒とともに高め合う関係性

教師と生徒の関係性が変わる、ということについて、ここまで述べてきました。

これまでの教師と生徒との関係性なら、教師はいざとなったら「生徒に言うことを聞かせる」ことが可能でした。上から物を言えたのです。

それが、教師の役割がプロデューサーになるということは、生徒に対し抑圧的な態度をとるのではなく、逆に「生徒の発言を活発に引き出す」ことこそ求められてくるのです。

「生徒の発言を活発に引き出す」には、その生徒が積極的に考えたくなるような「問い」を教師が投げかける必要があるだけでなく、「問い」について活発に意見を言い合えるよう、教師と生徒、あるいは生徒同士の間で、主張を尊重し合える安心を保証することが重要です。

生徒が、教師が持っている答えを読み取ろうとしたり、発言に対する教師の反応を気にしたりするような関係では、自由な発想は出てくることがなくなります。生徒は思考停止してしまうのです。

また、教師の側は気持ちの面で、生徒が出してくる答えを楽しむくらいの余裕を持つ必要があると思います。「なるほど」「そういう考えもある」「面白い」といった感覚を、時として持つべきでしょう。

その感覚を表情に出していいのかといえば、必ずしもいいとは言えないですが、教師は、自分には出せない答えを生徒が発想したことに対して、素直に感心して吟味を楽しむ気持ちでいればいいのです。

この点が、高め合う関係のいいところです。何故なら、上下の関係だと教師の発想を超える答えは表面化しづらいからです。

教師の投げかける「問い」で生徒が、学び、成長する。

生徒の投げかける「答え」で教師が、学び、成長する。

2020年の教育現場では、この関係性がぜひとも構築されて欲しいものです。

○「正解のない『問い』」を出せる力

ここまで何度か述べた通り、教師が授業において「正解のない『問い』」を出せる力を持つことが、教科の専門家としては必要不可欠となります。

例をあげるならば、度々登場している冒頭の、

「もし、地球が東から西に自転していたとしたら、世界は現状とどのように異なっていたと考えられるか、いくつかの観点から考察せよ」

という問いは、地理や地学に対して、造詣が深い教師と、深くない教師、どちらの教師が出せるのでしょうか。

それは明らかだと思います。

教師自身が、知識を理解して「なるほど」と感じていなければ、あるいは、その分野における様々な視点から物事を考えていなければ、なかなかこのレベルの「問い」を作ることは出来ないのです。

この「問い」を作った教師は、自転という現象に興味を持って、クリティカルシンキ

ングで自転の法則自体をそもそも疑ってかかり、「もし自転が逆になったら〜」という考えにいたったのではないでしょうか。

「どうなるかな」「こんなことも考えられる」「こうだったら面白い」といった「モヤ感」でいっぱいになり、仮説と検証を頭の中で繰り返していくことは、どこかの問題集の解説を読んだだけの教師には出来ません。

また、教師自身も考えることが楽しい「問い」であれば、生徒に投げかけてみた時に、どのような反応をするか考えるだけでもワクワクするでしょう。

もしかすると、自分の考えとは異なるすごい仮説も出てくるかもしれません。2020年の教師は、自分を超えた発想が生徒から出てきた時に嫉妬するのではなく、楽しいと思うくらいの度量の広さが必要なのです。

教師と生徒が高め合う関係であればあるほど、この「問い」をめぐる授業は素晴らしいものになっていくのではないでしょうか。

教師には、教科書の知識だけではなく、教科書を超えた知識が必要です。そして、その知識をどのように活用していくのかを考えていく中で、「正解のない『問い』」にたどり着くことがあるでしょう。

教師が、「学ぶことが楽しい」という現役の学び手であるからこそ、「正解のない『問い』」を出せる力が身につくのです。

○アクティブラーナー

教師と生徒が、最も大きな接点を持つ時間の一つが授業であることは間違いありません。

授業の中では、ここまで述べてきたような「正解のない『問い』」を出して生徒が考える機会を作ることは大事ですが、それだけではありません。当然のことながら知識を伝達したり、その知識をどう活用するかを伝えたりすることも、教師にとっては今後も大事な仕事です。

教師にとっての知識は、単に「A＝Bである」といった表面的なものであってはなりません。常にその知識の根源的なものは何かを追究する姿勢、その知識が今後どのように実生活や実社会につながるのかを考える姿勢が、大事だと考えます。

教師が、自分の専門教科はもちろん、専門でない教科のことでも、常に学びたい、もっと知りたいと思うことを、少しの時間でも追及すること――例えば興味のある分野の本や論文を読んだり、面白い取り組みをしている他校の事例を見学しに行ったり、セミナーやワークショップに参加することは、とても意味のあることだと思います。

それだけでなく、社会の動向にもアンテナを立てていることが重要です。時事問題や科学の発見などの話題にも、好奇心を持って触れる機会は必要です。

2020年からの授業を出来る教師は、まさに現役の学び手、アクティブラーナーとして知的好奇心を持ち続けることが求められるのではないかと思います。

生徒の「第4の窓」を開ける

プロデューサーたる教師にとって必要と考える3つの要件について話をしてきました。

それでは、そのような要件を満たす教師が生徒と接する時、どのような変化が生徒には生まれるのかを、「ジョハリの窓」を参考に考えてみます。

さて、そもそも「ジョハリの窓」とは何か。

これは、サンフランシスコ州立大学の心理学者ジョセフ・ルフトとハリー・インガムが発表した「対人関係における気づきのグラフモデル」という心理学のモデルを指します。

自分が理解している自分と、他人が理解している自分との関係性を考えることで、より円滑なコミュニケーションを他人との間で取ることが出来て、その結果、自己成長につながる。自己分析をするためにとても効果的な方法とされています。

このモデルには、次のような4つの「窓」があります。

第1の窓は、「公開された自己・開放（open self）」。第2の窓は、「自分は気がついていないものの、他人からは見られている自己・盲点（blind self）」。第3の窓は、「隠している自己・秘密（hidden self）」。第4の窓は「誰からもまだ知られていない自己・未知（unknown self）」。

ジョハリの窓は、対人関係上、4つの窓の中で第2の窓と第3の窓が明らかになっていくことで、この2つの窓が狭まっていき、第1の窓が広がっていく。その結果、第4

の窓が開く機会が生まれるといった解釈がされています。

説明が抽象的になってしまったので、解説を加えていきましょう。

第2の窓は、自分では気がついていないが、他人からは見えている自分を指します。自分自身が心を開いて、他人から指摘してもらいやすい状況を作っていけば、明らかになっていくのです。

第3の窓は、自分は気がついているが、他人には隠している自分を指します。自分自身が心を開いて、自分をさらしていけば、他人にも明らかになります。

自分自身が心を開いて、他人とのコミュニケーションを図ることができれば、第2、第3の窓とともに、第1の窓である公開された自己が、より広がっていくことになるのです。

この第2、第3の窓が開く過程で、最も大事なことは自分と他人との関係性です。コミュニケーションにおいて、リスペクトし合う関係、言い方を変えれば、双方が認め合う関係でなければ成立しないと考えます。

その上で、「未知なる」自分との出会いである第4の窓が開くことが、このジョハリ

ジョハリの窓

	自分は知っている	自分は知らない
他人は知っている	開放の窓 (open self)	盲点の窓 (blind self)
他人は知らない	秘密の窓 (hidden self)	未知の窓 (unknown self)

の窓では一番理想的なこととされています。

「未知なる」自分とは、自分にも他人にも知られていない自分を指します。簡単に言うならば、「自分にはこんな一面もあったのだ」ということです。これは、自分の中に隠れている才能と考えてもいいと思います。

自分一人では、第4の窓を開けることは容易ではなく、周囲とのコミュニケーションでも簡単に開くわけではありません。

この第4の窓を開くことができるのが、プロデューサーとしての教師です。

プロデューサーとしての教師の役割の一つに、生徒の能力をうまく引き出すことがありますが、これをジョハリの窓に当てはめてみれば、生徒との関係で第4の窓が開く状態を創出することだと考えます。

プロデューサーとしての3つの要件の中の、「生徒とともに高め合う関係性」で説明したように、生徒が教師に思ったことを自由に言える関係が、両者の間に構築されていれば、生徒にとって第2の窓、第3の窓は当然狭まっていくことになると思います。

そして、第4の窓を開くには何が必要か。それは、やはり「正解のない『問い』」だと考えます。

「正解のない『問い』」が投げかけられた生徒は、「モヤ感」の世界に入り込み、悩み考え、未知の自分に出会うかもしれません。

友人たちと答えを探す中で、自分では思いもつかなかった考え方が出てきて、未知の自分に出会うかもしれません。

教師に答えを返した時に、「何故そう考えるのか」と問い返され、思い悩むうちに、未知の自分に出会うかもしれません。

未知なる自分との出会いは、生徒にとっては、自分自身も知らなかった才能と出会える素晴らしいことだと考えます。

ちなみにここで言う「才能」とは、速く走れるとか歌がうまいなどといった特殊な能力を有していることを指すのではありません。自分が好きなこと、こだわることといった「個性」を指します。

自分が本当に好きでこだわりたいことを、自分の中から見つけ出していくことは、人生において究極のテーマであるとも言えます。

この「才能と出会える」状態を演出するのが、プロデューサーとしての教師なのです。

2020年からのテストと評価

それでは、学校におけるテストや評価は、教師と生徒の高め合う関係性の中でどうなっていくのかを考えてみます。

近年、新しいテストや評価の研究が進み、思考力を図る試みがなされています。例として、首都圏で中学受験の模擬試験の運営をしている首都圏模試センターの、「思考コード」を取り上げてみます。

「思考コード」は、「思考レベル」と「問題難度」の2つの軸で問題分類する方式です。今までのテストでは、知識の量を問う問題が多かったのですが、この「思考コード」では、思考レベルを次のように分類して、出題しています。

思考レベル

A知識・理解思考　↓　知識を問う問題、知識を理解し運用できているか問う問題
B論理的思考　↓　応用力を問う問題、情報を分析整理する力や論理的に説明する力を問う問題
C創造的思考　↓　自分の考えを表現したり、様々な知識や創造力を活用したりする力を問う問題

問題難度

1単純
2複雑
3変容

169ページの図を参照してください。このコードには、1549年に来日し、初めて日本にキリスト教を伝えたことで有名なフランシスコ＝ザビエルに関する「問い」が示されています。

Aの知識・理解思考を問う行は、知識を理解しているかどうかが問われていて、基本

的なことを覚えていれば解ける「問い」です。

Ｂの論理的思考を問う行は、得た知識を論理的に組み合わせることができるかどうかを問う「問い」です。

ＡとＢの「問い」は、「正解のある『問い』」です。大体のテストは、このＡとＢの「問い」から成り立っています。

Ａの「問い」で、テストに向けて準備をしてきたかどうかが問われます。Ｂの「問い」で、内容を正しく理解しているかどうかが、問われます。一般的には、Ｂの「問い」は記述式になっている場合が多く、配点も高めに設定されます。ＡとＢの出題の割合はテストで何をはかるのかで決まります。

Ｃの「問い」は「正解のない『問い』」です。「もし、あなたが～」という形式になっていることがわかると思います。この本でここまで述べてきた、自分の考えを問われる「問い」そのものです。

つまりＣの「問い」は、２０２０年からの大学入試問題に通じる「問い」になっています。

首都圏模試センターの「思考コード」

低 ← 思考レベル → 高

易 ↑ 問題難度 ↓ 難

(数)	(言語)		知識・理解 A 知識・理解思考	応用・論理 B 論理的思考	批判・創造 C 創造的思考
手順操作	単純関係	単純1	A1 （ザビエルの写真を見て）この人物の名前を答えなさい。	B1 ザビエルが日本に来た目的は何ですか？ 50字以内で書きなさい。	C1 もし、あなたが、ザビエルの布教活動をサポートするとしたら、ザビエルに対してどのようなサポートをしますか。200字以内で説明しなさい。
複雑操作	カテゴライズ	複雑2	A2 ザビエルがしたこととして正しい選択肢をすべて選びなさい。	B2 キリスト教を容認した大名を一人あげ、この大名が行ったこと、その目的を100字以内で説明しなさい。	C2 もし、あなたがザビエルだとしたら、布教のために何をしますか。具体的な根拠とともに400字以内で説明しなさい。
変換操作	全体関係	変容3	A3 ザビエルがしたこととして正しい選択肢をすべて選び年代の古い順に並べなさい。	B3 キリスト教の日本伝来は、当時の日本にどのような影響を及ぼしたか、200字以内で説明しなさい。	C3 もし、あなたが、ザビエルのように知らない土地に行って、その土地の人々に何かを広めようとする場合、どのようなことをしますか。600字以内で答えなさい。

これからのテストにおいては、この「思考コード」のように、問題の狙いや難易度がはっきりと生徒側に示されるようになると考えられています。

出題する側とされる側、評価をする側とされる側が、問題の思考レベルの難易度や評価に関して、同じ「ものさし」を持つようになっていくのです。

さらに説明を加えると、思考レベルから、次のことがわかります。

・単純な知識を理解しているのか
・論理的に組み合わせることができるのか
・創造的に考えることができるのか

出題する教師が、どのレベルの問題なのかを明確に提示することで、生徒も出題の意図を共有することができます。

評価で言えば、「あなたは〜をどう考えますか」という問いに対して

・他人の意見を再現している
・自分の意見を根拠があって表現している
・自分の意見を根拠があって独創的に表現している

という段階で評価されるようになります。この段階についても、生徒がわかるように教師が説明をしていくことが必要となります。

詳細は、ここでは省略しますが、
「自分の意見と他人の意見とはどう異なるのか」
「自分の意見の根拠は何をもって説得力があるとされるのか」
「独創的な意見とは何か」

このような視点に関しては、教師が生徒に日常から提示していくことが当然なされていかなければならないでしょう。

この考え方は、欧米の評価で使われる「ルーブリック」と同じです。

ルーブリックは、学力をはかる「ものさし」であるとされています。評価基準があらかじめ設定されているのが特徴であり、「思考コード」もルーブリックの考え方に基づいて作成されています。

教師はルーブリックを生徒に提示することを求められるとともに、評価の際に、生徒からルーブリックの運用に関する意見を求められた時に、対応することが求められているのです。

今までのテストや評価は、教師が一方的に決めた「ものさし」で作成されたもので、生徒は黙ってついていくしかありませんでした。

今後は、ルーブリックの考え方の導入により「ものさし」が共有され、テストや評価で教師と生徒が「高め合う」関係になる方向に進むことが考えられます。

変化を拒む教師たち

ところで私の前著、『2020年の大学入試問題』（講談社現代新書）を刊行して以来、「本当に2020年までに教育はこんなに大きく変わるの？」

という声を多くいただいています。大学入試改革は、50万人を超える受験生がいるセンター試験に代わる試験をどのように運営するのか、膨大な量の採点を、特に記述を取り入れた時にどうするのか、などの問題点があり、制度的設計が難しいことは、しばしば指摘されています。

その他、現行と変わることで、高校の現場の教育内容に混乱が生じることも起こり得るでしょう。

では、教育改革はやらない方がいいのか。

それはあり得ないと思います。何故なら、今回の教育改革のポイントは、「教育は何のためにあるのか」という「問い」にあると考えるからです。

将来の社会が明らかに変わる、今とは異なる能力が求められる、という改革の原点が変わることは、考えられません。

社会に出るための訓練をする機関である学校が、社会の変化とともに変わっていくのは当然のことなのです。

では、学校現場がこの教育改革をどのように見ているのか、という観点で考えてみます。

正直言って、変わりたくない教師、変わることはやむを得ないと考える教師、積極的に変わった方がいいと考える教師、三者が現場には存在していると感じます。

これは、私が様々な教育現場で接した教師の方々を見ていて感じたことですが、年代によって大きく2つに分かれているようです。その分かれ目は、ゆとり教育導入が話題になった1996年頃までに教師になっているかどうかです。

ゆとり教育導入時の教育改革や21世紀に向けての社会の変化の議論が盛んに行われていた1996年に教職についた世代は、現在43歳ぐらいです。これより若い世代は、教育改革に関しては、三者のうちの後ろの二者、変わることはやむを得ない、あるいは積極的に変わるべき、という考え方をしているのではないかと思います。

一方、ゆとり教育導入の議論の前から教職についていた世代は、年代が上がれば上がるほど、変わりたくないと考えている教師が多いのです。

何故、年代が上がると変わりたくないと考える人が多いのでしょうか。

教師は、経験が長ければ長いほど、授業のやり方、テストの作り方、評価の仕方、生徒の扱い方など、教育の技量は向上していきます。若手の教師とは、技量の差も大きく、職員室では、正直に言って、上下の関係が厳然として存在しています。残念ながら高め合う関係は、一部の教師を除いてはないと言っても過言ではありません。

経験の長い教師ほど、教育改革によって授業内容が大きく変わると、それまで培ってきたものが、役に立たなくなるという気持ちがあると思います。

そして、上の年代の教師は、生徒に対しても上下の関係をしっかりと保っているケースが多く、関係性が変わると、生徒に馬鹿にされてしまうという恐怖心も持っているようです。

彼らは、教育改革に関して疑問を投げかける時、次のような意見を言いがちです。

「教育改革って、本当に必要なのかな」

「自分は昔からの教育を受けてきてとてもよかったと考えている」

「その結果、教師になってこのやり方でやってきている」

「多くの卒業生は、感謝してくれている」

多くの学校の関係者から聞いた意見をまとめてみると、職員会議などでこの種の意見を発言する教師は、第四章で述べた「指導」が得意なケースが多いということです。「指導」が得意であるので、発言の影響力は大きく、若い教師は反論がしにくいというのが実態なのです。

「今後の社会の変化に対応して教育がどう変わればいいのか」という議論であるのに、社会の変化をまったく無視した意見を述べたり、自分の周囲の数少ない事例をもとに今までの教育を是としたりする点で、まったく論理的ではないのですが、職員室内でも上下関係にうるさい教師が多く、反対意見を述べるとその後の仕事がやりにくくなると考える教師の声をよく聞きます。

上の世代の、次のような本音を、プライベートな時に聞くことがあります。

「今教育改革で議論されていることは、実はあまりわからない。生徒との関係性を変えたら教室の中が抑えがきかない状況になるのがこわい。社会が変化していくことはわかるが、今すぐに変わらないといけないとは思わない。教育改革は次の世代がやればいい」

彼らの今までの教育を否定するつもりはありません。しかし、時代の変化、社会の変化は加速度を増していることは、疑いもない事実です。

未来を生きていく生徒のことを考えると、教育は確実に変わるべきです。

改革を止める職員室の勢力は、一掃されるべきなのです。

マインドを変えることから始まる

ここまで、2020年からの教師像について述べてきました。社会の変化にともなって、教師は大きく変わっていかないとければならないことは強調してきたつもりです。

次に、少し現役教師の皆さまに向けてお話ししたいと思います。

2020年からの教師像に近づいていくことは、簡単なことではないと思います。私自身、次の点を踏まえながら教育現場で頑張りたいと考えています。

・求められているのはスーパー教師ではない
・生徒と高め合う関係は成り立つ

・オリジナルな教育手法はいらない

○求められているのはスーパー教師ではない

「理想の教師像はプロデューサー」という言葉だけを見れば、ハードルが高いと思うかもしれません。しかし、私が言いたいのは、どの生徒に対しても理想の教師となってプロデュースせよ、ということではないのです。

人生において、学校に通っている期間は、けっこう長いものです。小学校から高校あるいは大学までの長い期間、生徒たちは多くの教師と接しています。その中の一人がプロデューサーとなれればよいのです。

人が生きていく上では、恩師とよぶ人は一人いれば十分なのではないでしょうか（恩師の像は、当然今後は変化していくのでしょうが）。

多くの生徒にとってのプロデューサーになりたいというマインドを持って取り組むことはいいと思います。しかし、生徒全員を最大限プロデュースできなくても、別に気にすることはないのです。

○生徒と高め合う関係は成り立つ

「生徒と高め合う関係」という言葉に対して、教育現場から「それは理想だけど、教室の秩序が成り立たなくなるのではないか」という心配の言葉が返ってくるのではないかと思います。

教師が設定した方向に向けて生徒を動かそうとする場合、高め合う関係は成り立たないこともあると思います。

何故なら、教師が設定した方向に、生徒が納得していない場合、生徒は教師の指示だから仕方なく従っているだけであって、出来ることなら従いたくないと感じるからです。高め合う関係なら、生徒は教師に対して、「何故、~しないといけないのですか」と言って指示に従わないことも十分考えられます。それでも、教師としては、生徒の将来をともに考えていくために高め合う関係を持つはずなので、生徒との関係は悪くならないでしょう。

生徒にしても、同じです。何故なら、何か課題にぶつかったとしても、それは生徒にとって自分事であり、教師のせいとは思わないからです。

高め合う関係は成り立ちます。ただその場合、教師は、この本で書いたようなプロデューサーとしてのマインドを持つことが必要不可欠であると思います。

○オリジナルな教育手法はいらない

文科省によって学力の3要素が新しく示されたり、アクティブラーニングのような教育手法が導入されたりすることで、教育が大きく変わることに対して不安を抱えている教師は多いことでしょう。

現状の忙しさの中で、新しいことに取り組む余裕がないというのが、一番の不安要因だと感じます。

この不安要因を取り除くには、第一に、前述したように働き方を変えて時間的な余裕を創り出すことが必要ですが、もう一つやることがあります。

それは、教育手法は他の実践例を真似する、ということです。

海外の日本人の教育関係者から次の話を聞き、納得したことがあります。

「海外の教科書は分厚い。これは、教える内容がすべて書かれていて、教師が教科書を読めば、そのまま授業ができるからなのです。一方、日本の教科書は海外の教科書と比べると薄い。これは、日本の教師が、教科書にすべて頼るのではなく、独自に補強しながら教えるからなのです」

つまり、日本の教師のマインドは、「自前主義」なのです。

指導書に頼っている教師もいないわけではありませんが、多くの教師は、教科書をもとに教材研究をして、教える内容を独自に組み立てています。

補助プリントや定期テストもその都度オリジナルのものを作成しているケースも多く、「自前」ですべて完結したいというマインドが根強くあるのだと感じます。

「自前主義」は、それ自体は決して悪いことではありません。問題なのは、そこに多くの時間がかかることなのです。この部分を短縮しないと働き方が変わらないことは、現場を見ていて強く感じることです。

現在、多くの教育実践例が詳細にインターネットで取り上げられています。使えるものは、積極的に導入していけばいいのではないかと思います。

大事なことは、今まで述べてきたように、「正解のない『問い』」に対して生徒たちが答えをどうやって出していくかだと思います。

2020年は、すぐに来ます。そして、今回の教育改革は、2020年から始めればいいわけでは決してありません。今日でも社会の変化は日々目まぐるしいものがあります。今の生徒たちには、早くから次の時代に対応する教育を受けたいと願っているのではないかとも思います。

教師のマインドの変化は、改革のはじめの一歩です。あくまでも一歩目ではありますが、まずここを突破できれば、教育改革の実現にぐっと近づくことは、今までの内容を読んでいただければ、おわかりになると思います。

「TEACHING」から「LEARNING」へ

「『TEACHING』から『LEARNING』へ」という言葉に、先日出会いました（未来を拓く資質・能力と新しい教育課程　松尾知明　学事出版）。

この言葉が表しているのは、教育における主体の変化です。

今までは、教育を行うこととはすなわち、「教師が教える」ことを意味していました。だから主体は教師であり、「TEACHING」こそが本質だったのです。

しかし、2020年からは違います。主体は生徒となり、「LEARNING」が教育の本質になります。

現在にいたるまで、生徒に対して一段上の場所から一方向的に物を教えること、つまり「TEACHING」こそが教師の本分だと思っていた人は、今後は認識を改める必要があるでしょう。

2020年からは、生徒が「正解のない『問い』」について考えるための環境や人間関係を作ることを、教師の役割ととらえるべきです。教師がプロデューサーとなって、教師－生徒間、生徒－生徒間で深く学び合えるよう、互いに高め合えるような環境を整えなければなりません。それには先述の通り、教師自身がラーナーとなる必要もあるでしょう。

「教育」とは何か、「教える」とは何か、「教師の役割」とは何か――新たな時代を迎えようとしている今、教師に突きつけられている「問い」は、そのような「正解のない『問い』」と言えるかもしれません。

「TEACHING」の環境

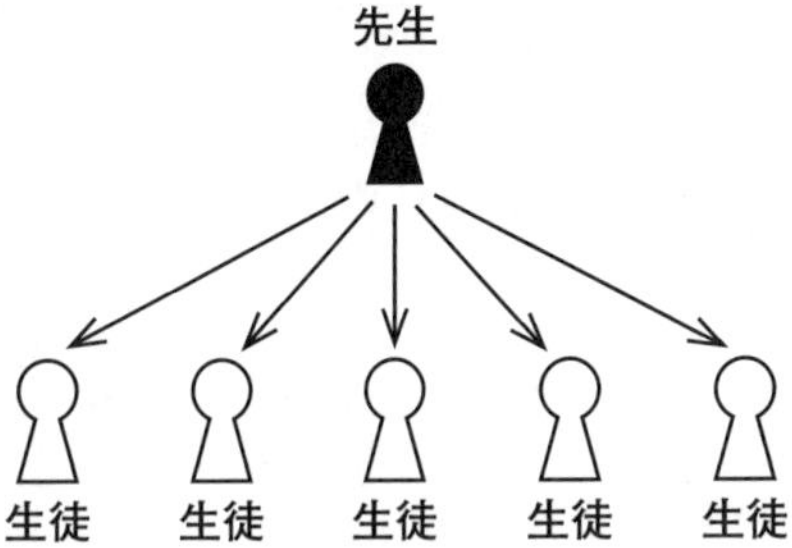

「LEARNING」の環境

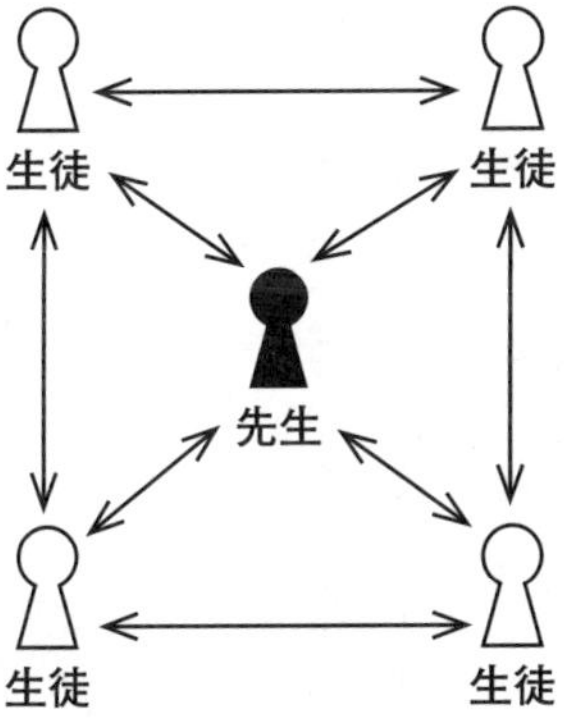

おわりに

「今後の教師はどうあるべきか」

何となく「こうあるべきだ」というイメージは頭の中にはありましたが、改めて言葉にして表現することの難しさを認識しました。

頭の中にイメージしたことを、多くの方との対話、書物、そしてインターネットの情報を通して頭の中で整理をしたり、より深く悩んだり、の日々でした。

この本で書いてきた、「モヤ感」と苦しみと楽しみの中で執筆してきました。何度も書き直し、書き直し、悪夢にうなされながらもようやく「おわりに」を書けるところまできました。

苦しい日々を支えてくれたのは、自分が教育でこだわること、「自分軸」でした。

「地球を次の世代につなげていく、生徒たちが育つ教育の場を創りたい」

これが今の私にとっての教育現場にいる「自分軸」です。

教師論を書いてきましたが、このことは決して学校だけのことではないとも感じました。組織の中では、上司と部下、先輩と後輩といった関係は必ず存在します。その関係も時代とともに、教師と生徒の在り方の変化のように変わっていくのだろうと思います。

今、私は54歳です。自分が生きているうちは、ギリギリ地球も何とかなるかな、と思ったり、それも難しいのかな、と考えたりもします。「逃げ切れるか」どうか微妙な年だと感じています。

一方、今の生徒たちは、現在山積している問題に直面せざるを得ないと思います。世界を見れば、利害が複雑に絡み合う問題が多く、そしてまた日本国内でも財政問題、高齢化問題など、待ったなしの諸問題があります。

その問題は、「正解のない『問い』」です。解決する手段もはっきりとはわからないものだらけです。

利害が絡み合う問題は、人々が力を合わせて平和裏に解決できればいいですが、下手をすれば紛争となり、地球滅亡につながるような世界戦争が勃発する事態にもなりかねません。

そうならないためにも、人々は学ぶ必要があると思います。どうしたら最悪の事態に陥ることなく明るい未来を創ることができるかを。

学ぶこと、「LEARNING」が、地球を救う鍵となるのです。

そして、この「LEARNING」の環境を創出することが、教師の役割だということを自覚しないといけないと思います。

最後になりますが、私自身、

「何故、あなたは教師になったのですか」

という課題に、教育現場にいる限り向き合っていきたいと思います。

この本の読者の中にいる現役教師の方にも、

「あなたは誰ですか、どこから来てどこへ行くのですか」

という哲学的な「問い」に、生徒たちとともに向き合っていただきたいと思います。

なお、私は現在、香里ヌヴェール学院（現・大阪聖母女学院。2017年より共学化、校名変更）で学院長として、小学校・中学校・高等学校の教師たちと学校改革に取り組んでいます。

慣れない関西弁が飛び交う中、新しい仲間と出会い、刺激的な毎日です。

「正解のない『問い』」に正面から向き合う力を持った生徒たちを世の中に送り出したいと、願いを込めて頑張っています。

本書執筆にあたっては、多くの方々からの力添えをいただきました。

特に、私が前作に引き続き、「モヤ感」から抜けきれなくなった時、私立学校研究家の本間勇人さんや（株）スタディエクステンション代表の鈴木裕之さんに相談にのってもらいました。お二人には感謝の言葉もありません。

そして、21世紀型教育機構の皆さん、今まで知り合った多くの先生方、生徒の皆さん、首都圏模試をはじめとした教育関係の皆さんとの日々の対話によって、未来の教師像に対する突破口を見つけることが出来ました。皆さんに深く感謝いたします。

また、私自身の教育環境を整えていただき、帰国生としての体験もさせてくれた両親には感謝するとともに、この本を執筆することで多少は恩返しが出来たのかなと思っています。

最後に、去る2016年は自分の人生にとっては激動の一年でありました。「モヤ感」の日々が続く中、執筆の機会を与えてくださり、つたない内容に付き合っていただいたKKベストセラーズの村林千鶴氏、そして時として折れそうになる心を支えてくれた妻の美恵には、心から感謝の言葉を贈りたいと思います。

石川一郎（いしかわ いちろう）

「香里ヌヴェール学院」学院長、「アサンプション国際小・中・高等学校」教育監修顧問。「21世紀型教育機構」理事。1962年東京都出身、暁星学園に小学校4年生から9年間学び、85年早稲田大学教育学部社会科地理歴史専修卒業。暁星国際学園、ロサンゼルスインターナショナルスクールなどで教鞭を執る。前かえつ有明中・高等学校校長。「21世紀型教育」を研究、教師の研究組織「21世紀型教育を創る会」を立ち上げ幹事を務めた。著書に『2020年の大学入試問題』（講談社現代新書）がある。

ベスト新書 540

2020年《ねん》からの教師問題《きょうしもんだい》

二〇一七年一月二〇日　初版第一刷発行
二〇一七年二月二五日　初版第四刷発行

著者◎石川一郎《いしかわいちろう》

発行者◎栗原武夫
発行所◎KKベストセラーズ
東京都豊島区南大塚二丁目二九番七号　〒170-8457
電話　03-5976-9121（代表）

装幀フォーマット◎坂川事務所
印刷所◎錦明印刷株式会社
製本所◎ナショナル製本協同組合
DTP◎株式会社オノ・エーワン

ISBN 978-4-584-12540-3 C0237